CLASSIQUE

Collection fondée en ~~~~~~
continue par
LÉON LEJEALLE (1949 à 1968) et JEAN-POL CAPUT (1969 à 1972)
Agrégés des Lettres

MONTAIGNE

ESSAIS

Livre troisième

extraits

avec une Notice biographique, des Notes explicatives,
une Documentation thématique, des Jugements, un Questionnaire
des Sujets de devoirs et un Index des thèmes,

par

DANIEL MÉNAGER

ancien élève de l'Ecole normale supérieure

Agrégé des Lettres

édition remise à jour

LIBRAIRIE LAROUSSE

17, rue du Montparnasse, 75298 PARIS

RÉSUMÉ CHRONOLOGIQUE
DE LA VIE DE MONTAIGNE
1533-1592

1533 (28 février) — **Naissance au château de Montaigne** de Michel de Montaigne, fils de Pierre Eyquem et d'Antoinette de Louppes. Les Eyquem sont de **riches négociants bordelais,** anoblis en 1477 par l'achat de la terre de Montaigne. Par sa mère, Montaigne descend de juifs portugais. Mis en nourrice dans un hameau de bûcherons, il passe ses premières années à la campagne.

1535 — Montaigne, confié à un pédagogue allemand, apprend, selon une méthode originale, le latin avant le français.

1539-1548 — A l'âge de six ans, il entre au **collège de Guyenne,** un des premiers de France. Il y reçoit les leçons de plusieurs grands maîtres, comme Buchanan. Il y reste sept ans, puis fréquente la **faculté des arts de Bordeaux** et bénéficie de l'enseignement de l'humaniste Muret.

1549 — Montaigne suit les cours de la faculté de droit de Toulouse.

1554 — Création d'une cour des aides à Périgueux. Montaigne, âgé de vingt et un ans, y est nommé conseiller.

1557 — Après la suppression de la cour des aides de Périgueux, il est versé dans les rangs du **parlement de Bordeaux,** où il se lie d'amitié avec son collègue La Boétie.

1559 — Voyage de Montaigne à la Cour, à Paris et à Bar-le-Duc, suivi d'un autre voyage à la Cour en 1561, motivé par une mission qui concerne les troubles religieux de Guyenne. Montaigne reste un an et demi à Paris. Il conçoit peut-être de grandes ambitions politiques.

1563 — Mort de La Boétie. Montaigne fait une relation de cette mort (18 août) à son père.

1565 — Montaigne épouse Françoise de La Chassaigne, fille d'un de ses collègues. Il aura d'elle six filles, dont une seule vivra.

1568 — Mort du père de Montaigne. Michel devient propriétaire et seigneur de Montaigne.

1569 — Montaigne publie sa **traduction de la** *Théologie naturelle,* ouvrage latin de **Raymond Sebond,** professeur espagnol qui avait enseigné à Toulouse au début du XV* siècle.

1570 — Montaigne **résigne sa charge** de conseiller au parlement de Bordeaux. Il vient à Paris pour y publier les poésies latines et les traductions de La Boétie.

⁂

1571 — Retraite de Montaigne.

1572-1573 — **Rédaction** de la plus grande partie du **livre premier des** *Essais.*

1574 — Guerre civile : Montaigne rejoint une des armées catholiques; il participe à la reprise de Fontenay-le-Comte aux huguenots. Il est chargé par le duc de Montpensier d'une mission auprès du parlement de Bordeaux.

© *Librairie Larousse,* 1973.   ISBN 2-03-870115-6

1576 — Il écrit une **partie de l'Apologie de Raymond Sebond.** Période de scepticisme et de doute.

1578 — Montaigne commence à souffrir de la maladie de la pierre.

1580 — Publication des *Essais,* **première édition,** en deux livres, à Bordeaux. — Le 22 juin, Montaigne part pour un **long voyage** de santé et d'agrément aux eaux de France (Plombières), de Suisse (Baden), passe par la Bavière (Munich) et traverse les Alpes pour arriver à Venise (5 novembre) et aboutir à Rome (30 novembre).

1581 — Séjour et excursions **en Italie;** à partir de mai, Montaigne fait une cure aux bains de Lucques. Le 7 septembre, à Lucques, il apprend son **élection à la mairie de Bordeaux.** Retour en France. Montaigne a écrit ou dicté **pendant son voyage un** *Journal,* qu'il ne destinait pas à la publication, mais qui fut imprimé en 1774.

*_**

1581-1583 — Première mairie de Montaigne.

1582 — Montaigne fait partie de la cour de justice de Guyenne. De Thou, qui en fait également partie, se lie avec Montaigne et déclare dans son *Histoire* qu'il « tira bien des lumières de Michel de Montaigne, alors maire de Bordeaux, homme franc, ennemi de toute contrainte, et qui n'était entré dans aucune cabale, d'ailleurs fort instruit de nos affaires, principalement de celles de la Guyenne, sa patrie, qu'il connaissait à fond ». — Deuxième édition des *Essais* à Bordeaux.

1583 — Montaigne est réélu maire pour deux ans, honneur fort rare.

1584 — Visite du roi de Navarre au château de Montaigne (19 décembre). Il y reste deux jours.

1585 — Montaigne mène de délicates négociations entre le roi de Navarre et le maréchal de Matignon, gouverneur de la Guyenne. — En juin, la peste éclate à Bordeaux; fuite générale. Montaigne, qui était absent, ne rentre pas. Pendant l'été, la peste fait rage dans toute la région, Montaigne doit quitter son château avec sa famille et ses serviteurs.

1586-1588 — Montaigne **écrit** les treize essais qui forment le **troisième livre** de son ouvrage.

1588 — Montaigne part pour Paris, en février; après la journée des Barricades, il accompagne le roi à Chartres et à Rouen; il assiste en spectateur aux états de Blois. — **Nouvelle édition des** *Essais,* augmentés d'un **troisième livre** et de nombreuses additions aux deux premiers.

1589-1592 — Montaigne **prépare une nouvelle édition des** *Essais* enrichie par un millier d'additions.

1592 — **Mort de Montaigne** en son château (13 septembre). Il expire en écoutant la messe qu'on célébrait devant lui.

*_**

1595 — **Edition posthume des** *Essais* à Paris, par les soins de Pierre de Brach et de Mlle de Gournay.

Montaigne avait onze ans de moins que Joachim du Bellay, neuf ans de moins que Ronsard, douze ans de plus que Robert Garnier, dix-neuf ans de plus qu'Agrippa d'Aubigné.

MONTAIGNE ET SON TEMPS

	la vie et l'œuvre de Montaigne	le mouvement intellectuel et artistique	les événements politiques
1533	Naissance de Michel Eyquem de Montaigne au château de Montaigne (28 février).	Mariage du dauphin, le futur Henri II, avec Catherine de Médicis.	Henri VIII épouse Anne Boleyn. Avènement du tsar Ivan le Terrible.
1539	Entre au collège de Guyenne, à Bordeaux.	Marot traduit les *Psaumes*. Début de la construction du château de Saint-Germain.	L'ordonnance de Villers-Cotterêts fait du français la langue officielle.
1546	Suit probablement les cours de philosophie de la faculté des arts de Bordeaux.	Rabelais : le *Tiers Livre*. Mort de Luther.	Les jésuites au Brésil.
1549	Étudie le droit à Toulouse.	Du Bellay : *Défense et Illustration de la langue française*. Jean Goujon achève la fontaine des Innocents, à Paris.	Henri II établit une chambre ardente au parlement de Paris, chargée d'instruire contre l'hérésie.
1554	Nommé conseiller à la cour des aides de Périgueux.	Ronsard : deuxième *Bocage*; *Mélanges*.	
1558	Début de l'amitié de Montaigne et de La Boétie, collègues au parlement de Bordeaux.	Du Bellay : *les Regrets*; *les Antiquités de Rome*.	Mort de Charles Quint. Guerre contre l'Angleterre et l'Espagne : reprise de Calais aux Anglais.
1559	Voyage à Paris. Suit François II à Bar-le-Duc.	Amyot : traduction des *Vies des hommes illustres*, de Plutarque.	Les églises protestantes de France se fédèrent. Paix du Cateau-Cambrésis (avril). Mort de Henri II (juillet).
1562	A Paris, fait profession de foi catholique devant le parlement. Suit le roi au siège de Rouen.	Ronsard : *Discours des misères de ce temps*. Naissance de Lope de Vega.	Massacre des huguenots à Wassy. Première guerre de religion.
1563	Mort de La Boétie (18 août).	Th. de Bèze : *Psaumes* (traduction en vers). Ronsard : *Réponse aux injures et calomnies*.	Edit de pacification d'Amboise. Assassinat de François de Guise. Elisabeth d'Angleterre organise l'Eglise anglicane.
1565	Mariage de Montaigne avec Françoise de La Chassaigne.	Ronsard : *Elégies; Mascarades et Bergeries*. Philibert Delorme construit les Tuileries.	Voyage de Catherine de Médicis et de Charles IX à travers la France. Révolte des Pays-Bas contre l'Espagne.

	Vie de Montaigne	Lettres et arts	Événements historiques
1569	Publie la traduction de la *Théologie naturelle* de Raymond Sebond.		Coligny, chef du parti protestant.
1570	Vend sa charge de conseiller au parlement de Bordeaux.	Mort de Philibert Delorme et du Primatice.	Coligny marche sur Paris. Édit de pacification de Saint-Germain : liberté de culte aux protestants.
1571	Se retire en son château.	Le Tasse compose *la Jérusalem délivrée*.	Coligny conseiller du roi. Philippe II vainqueur des Turcs à Lépante.
1572	Début de la composition des *Essais*.	Ronsard : *la Franciade*. Amyot : traduction des *Œuvres morales* de Plutarque.	Massacre de la Saint-Barthélemy (24 août).
1574	Participe à la reprise de Fontenay-le-Comte aux protestants. Chargé de mission par le duc de Montpensier auprès du parlement de Bordeaux.	Arrivée en France de la troupe italienne des « Gelosi ».	Mort de Charles IX; avènement de Henri III.
1580	Publie à Bordeaux les deux premiers livres des *Essais*. Part en voyage le 22 juin (Suisse, Bavière, Italie, Rome).	Robert Garnier : *Antigone*. Bernard Palissy : *Discours admirables de la nature des eaux et fontaines*.	Prise de Cahors par Henri de Navarre. Paix de Fleix, qui accorde aux protestants pour six mois des places de sûreté.
1581	Séjourne en Italie (Lucques). Apprend son élection à la mairie de Bordeaux (septembre) et regagne la France.	Baïf : *Mimes, enseignements et proverbes*.	Les Provinces-Unies des Pays-Bas proclament leur indépendance à l'égard de l'Espagne.
1582	Deuxième édition des *Essais* à Bordeaux.	Odet de Turnèbe : *les Contents*, comédie.	Grégoire XIII institue le calendrier grégorien.
1583	Réélu maire de Bordeaux.	Robert Garnier : *les Juives*.	
1585	Peste à Bordeaux et dans la région. Il quitte son château.	Mort de Ronsard.	Reprise de la guerre. Les princes ligueurs alliés à Philippe II publient le manifeste de Péronne.
1588	Voyage à Paris. — Publication des trois livres des *Essais*.	Mort de Dorat et de Véronèse.	Journée des Barricades (12 mai). Henri III quitte Paris. Assassinat du duc de Guise à Blois (23 déc.). Désastre de l'Invincible Armada.
1589	Commence à préparer une nouvelle édition des *Essais*.		Assassinat de Henri III. Siège de Paris, tenu par les ligueurs.
1592	Mort de Montaigne, dans son château (13 septembre).	Guillaume du Vair : *Philosophie morale des stoïciens*. Naissance de Jacques Callot.	La Ligue tient Henri IV en échec devant Paris et Rouen.

BIBLIOGRAPHIE SOMMAIRE

Fortunat Strowski — *Montaigne* (Paris, Alcan, 1906).

Pierre Villey — *les Sources et l'évolution des « Essais » de Montaigne* (Paris, Hachette, 2 vol., 1908).

Gustave Lanson — *les « Essais » de Montaigne* (Paris, Mellottée, 1929).

Francis Jeanson — *Montaigne par lui-même* (Paris, Éd. du Seuil, 1951).

Albert Thibaudet — *Montaigne* (Paris, Gallimard, 1963).

Michel Butor — *Essais sur les « Essais »* (Paris, Gallimard, 1968).

Antoine Compagnon — *Nous, Michel de Montaigne* (Paris, Éd. du Seuil, 1980).

Jean Starobinski — *Montaigne en mouvement* (Paris, Gallimard, 1982).

La présente édition d'extraits comporte trois volumes, correspondant à chacun des trois livres des *Essais*.

La notice générale se trouve au début du premier volume.

Le texte est celui de l'édition de Bordeaux. Les chiffres romains qui jalonnent le texte indiquent les états successifs du texte que Montaigne n'a cessé d'enrichir :

le chiffre **I** correspond au texte de 1580 ;

le chiffre **II** se trouve au début des phrases ou membres de phrases ajoutés dans l'édition de 1588 ;

le chiffre **III** se trouve au début des textes ajoutés par Montaigne en vue d'une troisième édition (exemplaire de Bordeaux).

Les sous-titres entre crochets ne sont pas de la main de Montaigne ; ils peuvent faciliter l'étude du texte, qu'ils subdivisent en vue de l'explication.

L'orthographe de la présente édition a été modernisée.

ESSAIS

LIVRE TROISIÈME

CHAPITRE II

DU REPENTIR

[DESCRIPTION D'UN HOMME]

‖ Les autres forment l'homme; je le récite* * je le décris
et en représente un particulier¹ bien mal formé,
et lequel, si j'avais à façonner de nouveau, je
ferais vraiment bien autre qu'il n'est. Mes hui* * désormais
5 c'est fait. Or les traits de ma peinture ne four-
voient* point, quoiqu'ils se changent et diver- * n'égarent pas
sifient. Le monde n'est qu'une branloire pérenne*. * une balançoire
qui ne s'arrête
Toutes choses y branlent sans cesse : la terre, jamais
les rochers du Caucase, les pyramides d'Égypte,
10 et du branle public et du leur². La constance* * l'immutabilité
même n'est autre chose qu'un branle plus lan- * un mouvement
plus faible
guissant*. Je ne puis assurer mon objet**. Il va ** mon modèle :
moi-même
trouble et chancelant, d'une ivresse naturelle. * en cet instant
Je le prends en ce point*, comme il est, en
15 l'instant que je m'amuse à lui*. Je ne peins * que je m'occupe de lui
pas l'être. Je peins le passage : non un passage
d'âge en autre, ou, comme dit le peuple, de sept
en sept ans, mais de jour en jour, de minute en
minute. Il faut accommoder mon histoire* à * ma description
20 l'heure. Je pourrai tantôt* changer, non de for- * tout à l'heure
tune seulement, mais aussi d'intention. C'est un
contrôle* de divers et muables accidents** et * recueil ** événements
d'imaginations irrésolues et, quand il y échet*, * quand il arrive
contraires; soit que je sois autre moi-même, soit
25 que je saisisse les sujets par autres circonstances

---

1. Une individualité particulière, c'est-à-dire lui-même; 2. Toutes choses sont
en mouvement, parce qu'elles participent au mouvement général de l'univers, et,
en plus, ont leur mouvement propre.

et considérations. Tant y a que je me contredis
bien à l'aventure, mais la vérité, comme disait
Démade, je ne la contredis point. Si mon âme
pouvait prendre pied*, je ne m'essaierais pas,
30 je me résoudrais*; elle est toujours en apprentissage et en épreuve.

Je propose* une vie basse et sans lustre**,
c'est tout un*. On attache aussi bien toute la
philosophie morale à une vie populaire et privée*
35 qu'à une vie de plus riche étoffe; chaque homme
porte la forme entière de l'humaine condition. (1)

* prendre un ca-
ractère perma-
nent
* je prendrais
une décision
ferme
* j'expose
** humble
* il n'importe
* une vie de
simple citoyen

[RÉPONSES À DES OBJECTIONS]

III Les auteurs se communiquent au peuple
par quelque marque particulière et étrangère;
moi, le premier, par mon être universel*, comme
40 Michel de Montaigne, non comme grammairien,
ou poète, ou jurisconsulte. Si le monde se plaint
de quoi* je parle trop de moi, je me plains
de quoi il ne pense seulement pas à soi.

* mon essence
d'homme

* de ce que

II Mais est-ce raison que, si particulier en
45 usage¹, je prétende me rendre public en connais-
sance²? Est-il aussi raison que je produise* au
monde, où la façon et l'art ont tant de crédit
et de commandement*, des effets de nature crus
et simples, et d'une nature encore bien faiblette?
50 Est-ce pas faire une muraille sans pierre, ou
chose semblable, que de bâtir des livres sans
science* III et sans art II? Les fantaisies de la

* que je présente

* d'autorité

* sans technique
d'écrivain

1. Moi qui ne suis dans la vie qu'un particulier; 2. Que je me fasse connaître du public.

─────── QUESTIONS ───────

1. Comment le projet de Montaigne s'oppose-t-il à celui des moralistes? — Comment Montaigne rend-il frappant le thème du mouvement
incessant des choses? — Distinguez dans ce texte deux sortes de changements: l'un objectif, l'autre subjectif. — Voyez-vous comment la
conception de la vérité, développée ici, explique le titre même des *Essais?*
— Pourquoi la *vie basse et sans lustre* de Montaigne justifie-t-elle son
projet? Relevez une formule particulièrement importante à ce sujet.

musique sont conduites par art, les miennes par
sort*. Au moins j'ai ceci selon la discipline**,   * hasard ** les
55 que jamais homme ne traita sujet qu'il entendît   règles de l'école
ni connût mieux que je fais celui que j'ai entre-
pris, et qu'en celui-là je suis le plus savant
homme qui vive; secondement, que jamais
aucun III ne pénétra en sa matière plus avant,
60 ni en épluha plus particulièrement les membres*   * parties
et suites; et II n'arriva plus exactement et pleinement à la fin qu'il s'était proposée à* sa besogne.   * pour
Pour la parfaire, je n'ai besoin d'y apporter que
la fidélité; celle-là y est, la plus sincère et pure
65 qui se trouve. Je dis vrai, non pas tout mon
soûl, mais autant que je l'ose dire; et l'ose un
peu plus en vieillissant, car il semble que la
coutume concède à cet âge plus de liberté de
bavasser* et d'indiscrétion à parler de soi. Il ne   * bavarder
70 peut advenir ici ce que je vois advenir souvent,
que l'artisan et sa besogne se contrarient : un
homme de si honnête conversation* a-t-il fait   * si agréable à
un si sot écrit? ou, des écrits si savants sont-ils   fréquenter
partis d'un homme de si faible conversation?
75 III Qui a* un entretien commun et ses écrits   * si quelqu'un a
rares, c'est-à-dire* que sa capacité est en lieu   * cela veut dire
d'où il l'emprunte, et non en lui? Un person-
nage savant n'est pas savant par tout; mais le
suffisant[1] est partout suffisant, et à ignorer
80 même.

    II Ici, nous allons conformément* et tout d'un   * du même pas
train*, mon livre et moi. Ailleurs, on peut recom-   * d'une même
mander* et accuser l'ouvrage à part de l'ouvrier;   allure
ici, non : qui touche l'un, touche l'autre. Celui   * faire l'éloge
85 qui en jugera sans le connaître, se fera plus de
tort qu'à moi; celui qui l'aura connu, m'a du
tout satisfait. Heureux outre mon mérite*, si j'ai   * plus que je ne
seulement cette part à l'approbation publique,   le mérite
que je fasse sentir aux gens d'entendement que
90 j'étais capable de faire mon profit de la science,

---

1. *Savant* a ici un sens péjoratif. Il s'oppose à *suffisant*, qui annonce déjà l'honnête
homme du XVIIe siècle.

si j'en eusse eu, et que je méritais que la mémoire
me secourût mieux. **(2)**

[LE VÉRITABLE REPENTIR]

Excusons ici ce que je dis souvent, que je me
repens rarement **III** et que ma conscience se
95 contente de soi, non comme de la conscience
d'un ange ou d'un cheval, mais comme de la
conscience d'un homme; **II** ajoutant toujours ce
refrain, non un refrain de cérémonie, mais de
naïve* et essentielle** soumission : que je parle
100 enquérant et ignorant, me rapportant de la résolution*, purement et simplement, aux créances
communes et légitimes¹. Je n'enseigne point, je
raconte*.

* sans arrière-
pensée ** sans
réserve
* en ce qui con-
cerne la déci-
sion
* je décris

Il n'est vice véritablement vice qui n'offense,
105 et qu'un jugement entier* n'accuse; car il a de
la laideur et incommodité si apparente, qu'à
l'aventure* ceux-là ont raison qui disent qu'il
est principalement produit par bêtise et igno-
rance². Tant est-il malaisé d'imaginer qu'on le
110 connaisse sans le haïr. **III** La malice* hume** la
plupart de son propre venin et s'en empoisonne.
II Le vice laisse, comme un ulcère en la chair,
une repentance en l'âme, qui toujours s'égra-
tigne et s'ensanglante elle-même. Car la raison
115 efface les autres tristesses et douleurs; mais elle
engendre celle de la repentance, qui est plus
griève*, d'autant qu'elle naît au-dedans; comme

* intègre

* peut-être

* la méchanceté
** aspire

* pénible

---

1. Il s'agit des croyances répandues partout et qui tirent leur autorité du pouvoir
établi; 2. Allusion à la morale de Socrate et au « nul n'est méchant volontairement ».

──────── QUESTIONS ────────

2. Quelles sont les différentes objections que l'on peut faire à Montaigne? Distinguez celles qui concernent : *a)* le sujet qu'il a choisi;
b) l'opposition entre la banalité de sa vie et la publication d'un livre
qui le concerne; *c)* l'absence d'« art » dans les *Essais*. — Comment
Montaigne répond-il à ces objections? Se montre-t-il satisfait de son
livre? Montrez qu'il a parfaitement conscience de l'originalité de son
projet. — En quels termes Montaigne pose-t-il le problème de la vérité
dans l'étude du Moi?

le froid et le chaud des fièvres est plus poignant*   * piquant
120 (mais chacun selon sa mesure) non seulement
ceux que la raison et la nature condamnent,
mais ceux aussi que l'opinion des hommes a
forgés, voire* fausse et erronée, si les lois et   * même
l'usage l'autorise. (3)

[SATISFACTION ET VERTU]

125   Il n'est, pareillement, bonté qui ne réjouisse
une nature bien née. Il y a certes je ne sais quelle
congratulation* de bien faire qui nous réjouit   * satisfaction
en nous-mêmes et une fierté généreuse* qui   * noble
accompagne la bonne conscience. Une âme cou-
130 rageusement vicieuse[1] se peut à l'aventure garnir
de sécurité, mais de cette complaisance et satisfaction elle ne s'en peut fournir. Ce n'est pas
un léger plaisir de se sentir préservé de la contagion d'un siècle si gâté*, et de dire en soi :   * pourri
135 « Qui me verrait jusque dans l'âme, encore* ne   * même dans ce cas
me trouverait-il coupable, ni de l'affliction et
ruine de personne, ni de vengeance ou d'envie,
ni d'offense publique des lois*, ni de nouvelleté   * violation des lois
et de trouble[2], ni de faute à ma parole*, et quoi   * parjure
140 que la licence du temps permît III et apprît II à
chacun, si n'ai-je mis la main ni ès* biens, ni en   * sur les
la bourse d'homme français, et n'ai vécu que
sur la mienne, non plus en guerre qu'en paix,

---

1. Ce sera, par exemple, le Dom Juan de Molière ; 2. Révolution et désordre. Allusion à la Réforme et aux séditions d'ordre politique et religieux.

——— **QUESTIONS** ———————————————————

3. Quelle est l'importance de la distinction établie dans le premier paragraphe entre le domaine de la pensée et celui de l'action ? — Rapprochez ce passage de l'essai I, XXIII, « De la coutume », où nous retrouvons cette même distinction dans le domaine de la politique. — Précisez la conception du repentir qui apparaît ici. Montrez que Montaigne porte sur le vice non seulement un jugement moral, mais un jugement esthétique. — Quelles sont les deux catégories de vices distinguées par Montaigne ? Pourquoi admet-il le critère de l'opinion, ajouté à celui de la raison et de la nature ?

ni ne me suis servi du travail de personne, sans
145 loyer*. » Ces témoignages de la conscience
plaisent*; et nous est grand bénéfice** que cette
éjouissance naturelle, et le seul paiement* qui
jamais ne nous manque. (4)

* salaire
* réjouissent
  l'âme
** bienfait
* rétribution

[AUTONOMIE DE LA CONSCIENCE MORALE]

De fonder la récompense des actions vertueuses
150 sur l'approbation d'autrui, c'est prendre un trop
incertain et trouble fondement. III Signamment*
en un siècle corrompu et ignorant comme
cettui-ci, la bonne estime du peuple est inju-
rieuse*, à qui vous fiez-vous de voir ce qui est
155 louable? Dieu me garde d'être homme de bien
selon la description que je vois faire tous les jours
par honneur* à chacun de soi. « *Quae fuerant
vitia, mores sunt[1].* » Tels de mes amis ont parfois
entrepris de me chapitrer et mercurialiser* à
160 cœur ouvert, ou de leur propre mouvement, ou
semons* par moi, comme d'un office** qui, à
une âme bien faite, non en utilité seulement,
mais en douceur aussi surpasse tous les offices
de l'amitié. Je l'ai toujours accueilli des bras
165 de la courtoisie et reconnaissance les plus
ouverts[2]. Mais à en parler asteure* en conscience,
j'ai souvent trouvé en leurs reproches et louanges
tant de fausse mesure que je n'eusse guère failli
de faillir plutôt que de bien faire à leur mode[3].

* particulière-
  ment

* insultante

* par souci
  d'honneur

* me reprendre

* invités
** comme étant
   un devoir

* à cette heure

---

1. « Ce qui était vice est devenu l'usage commun » (Sénèque, *Lettres à Lucilius*,
XXXIX); 2. A bras ouverts, avec courtoisie et reconnaissance; 3. Je n'aurais pas commis une grande faute en commettant une faute d'après leur appréciation plutôt
qu'en agissant bien selon eux.

——————— QUESTIONS ———————

4. Montrez comment cette alliance de la vertu et de la satisfaction
est conforme à la morale de Montaigne en général (voir, par exemple,
I, XXVI, « De l'institution des enfants »). — Expliquez l'expression *nature
bien née*. Rapprochez-la de l'expression « gens libères, bien nés », chez
Rabelais. En quoi annonce-t-elle également le vocabulaire cornélien? —
Appréciez l'examen de conscience auquel se livre Montaigne. Quel en
est le ton?

LE CHÂTEAU
DE
MONTAIGNE

Lithographie de
Marie Payen,
d'après
une aquarelle
exécutée
en 1813
par le baron
Devèze.

Ce document
donne une image
du château tel
qu'il était au
temps de
l'écrivain. (Voir
tome Ier, page 48,
un document sur
son état actuel.)

Phot. Larousse.

Nous autres principalement, qui vivons une vie privée qui n'est en montre qu'à nous*, devons avoir établi un patron au-dedans*, auquel toucher* nos actions, et, selon icelui, nous caresser tantôt, tantôt nous châtier. J'ai mes lois et ma cour* pour juger de moi, et m'y adresse plus qu'ailleurs. Je restreins bien selon autrui mes actions, mais je ne les étends que selon moi. Il n'y a que vous qui sache si vous êtes lâche et cruel, ou loyal et dévotieux*; les autres ne vous voient point; ils vous devinent par conjectures incertaines[1]; ils voient non tant votre nature que votre art*. Par ainsi** ne vous tenez pas à leur sentence : tenez-vous à la vôtre. III « *Tuo tibi judicio est utendum*[2]. — *Virtutis et vitiorum grave ipsius conscientiae pondus est : qua sublata, jacent omnia*[3]. » [...] (5)

* qui n'est exposée qu'à nos regards
* un modèle intérieur
* éprouver

* tribunal

* dévot

* artifice ** ainsi

[VIEILLESSE ET REPENTIR]

II Au demeurant, je hais cet accidentel repentir que l'âge apporte. Celui qui disait[4] anciennement être obligé aux années de quoi elles l'avaient défait* de la volupté, avait autre opinion que la mienne; je ne saurai jamais bon gré à l'impuissance de bien qu'elle me fasse[5]. III « *Nec tam aversa unquam videbitur ab opere suo providentia*,

* débarrassé

1. Voir le chapitre premier du livre II « De l'inconstance de nos actions »; 2. « C'est de ton jugement à toi qu'il faut user » (Cicéron, *Tusculanes*, I, 23); 3. « C'est un poids considérable que la conscience intérieure de la vertu et du vice : cette conscience ôtée, tout est à terre » (Cicéron, *De la nature des dieux*, III, 25); 4. Allusion à Sophocle, qui savait gré à la vieillesse de l'avoir délivré de la tyrannie de l'amour, d'après Cicéron, *De senectute*, XIV; 5. De quelque bien qu'elle soit censée me faire.

──────── QUESTIONS ────────

5. Quelle est la progression de la pensée de Montaigne? — Pourquoi chacun doit-il trouver lui-même le critère moral de son acte? — Précisez en quoi ce passage s'oppose au conformisme pratique rencontré précédemment. — Comment Montaigne juge-t-il ici le rôle de l'amitié? Montrez qu'il tire seulement les conséquences de l'impossibilité de connaître autrui.

ut debilitas inter optima inventa sit[1]. » **II** Nos
195 appétits* sont rares en la vieillesse; une profonde   * désirs
satiété nous saisit après; en cela je ne vois rien
de conscience[2]; le chagrin et la faiblesse nous
impriment une vertu lâche* et catarrheuse. Il ne   * molle
nous faut pas laisser emporter si entiers aux
200 altérations naturelles[3], que d'en* abâtardir notre   * au point d'en
jugement. La jeunesse et le plaisir n'ont pas fait
autrefois que j'aie méconnu le visage du vice en
la volupté; ni ne fait à cette heure le dégoût que
les ans m'apportent, que je méconnaisse celui de
205 la volupté au vice. Ores que* je n'y suis plus[4],   * maintenant
j'en juge comme si j'y étais. **III** Moi qui la*   que
secoue vivement et attentivement, trouve que   * *la* : raison
II ma raison est celle même que j'avais en l'âge
plus licencieux[5], sinon, à l'aventure*, d'autant   * peut-être
210 qu'elle s'est affaiblie et empirée en vieillissant;
III et trouve que ce qu'elle refuse* de m'en-   * le fait qu'elle
fourner* à ce plaisir en considération de l'intérêt   refuse
de ma santé corporelle, elle ne le ferait non plus   * me précipiter
qu'autrefois pour la santé spirituelle. **II** Pour la   dans
215 voir hors de combat[6], je ne l'estime pas plus
valeureuse. Mes tentations sont si cassées et
mortifiées qu'elles ne valent pas qu'elle s'y
oppose. Tendant seulement les mains au-devant,
je les conjure. Qu'on lui remette en présence
220 cette ancienne concupiscence, je crains qu'elle
aurait moins de force à la soutenir, qu'elle n'avait
autrefois. Je ne lui vois rien juger à part soi,
que lors elle ne jugeât; ni aucune nouvelle clarté.

---

1. « On ne verra jamais de providence si hostile à son œuvre que la faiblesse soit
mise au rang des biens » (Quintilien, *De la formation de l'orateur*, V, XII); 2. Cette
satiété rapide n'implique aucun élément moral; 3. Les changements que l'âge amène
agissent nécessairement sur nous. Mais il dépend de nous de préserver l'intégrité
de notre jugement; 4. Maintenant que Montaigne est éloigné de la jeunesse et du
plaisir; 5. *L'âge plus licencieux* : l'âge le plus licencieux (tournure normale du super-
latif dans la langue de cette époque). Cet âge, où l'on jouit de la plus grande liberté
(licence), est évidemment la jeunesse; 6. Du fait que je la vois hors de combat.
Pour saisir la suite des idées, il faut supprimer par la pensée l'addition de l'exemplaire
de Bordeaux.

Par quoi, s'il y a convalescence, c'est une conva-
225 lescence maléficiée*. (6)   * défectueuse

[PHILOSOPHIE DE LA SANTÉ]

III Misérable sorte de remède, devoir à la
maladie sa santé! Ce n'est pas à notre malheur
de faire cet office; c'est au bonheur de notre
jugement. On ne me fait rien faire par les offenses*   * maux
230 et afflictions, que les maudire. C'est aux gens*   * cela est bon
qui ne s'éveillent qu'à coups de fouet. Ma raison   pour des gens
a bien son cours plus délivre* en la prospérité.   * le plus libre
Elle est bien plus distraite[1] et occupée à digérer
les maux que les plaisirs. Je vois bien plus clair
235 en temps serein. La santé m'avertit, comme
plus allégrement, aussi plus utilement que la
maladie. Je me suis avancé le plus que j'ai pu
vers ma réparation* et règlement** lorsque   * amendement
j'avais à en jouir. Je serais honteux et envieux   moral ** vie
240 que la misère et défortune de ma décrépitude   réglée
eût à se préférer à mes bonnes années saines,
éveillées, vigoureuses; et qu'on eût à m'estimer
non par où j'ai été, mais par où j'ai cessé d'être.
À mon avis, c'est le vivre heureusement, non,
245 comme disait Antisthène, le mourir heureusement
qui fait l'humaine félicité[2]. Je ne me suis pas
attendu* d'attacher monstrueusement la queue   * je ne me suis
d'un philosophe à la tête et au corps d'un homme   pas appliqué
perdu[3]; ni que ce chétif bout* eût à désavouer   * l'extrémité de
                                                            la vie

---

1. Détournée de sa véritable tâche; 2. Antisthène le Cynique était un philosophe
de l'ascèse; 3. Montaigne illustre son idée à l'aide d'une image concrète : un monstre,
dont la tête et le corps (la plus grande partie de la vie) seraient ceux d'un homme
sans moralité *(un homme perdu)* et qui se terminerait (image de la fin de la vie) en
forme de philosophe.

--------- **QUESTIONS** ---------

6. Pourquoi Montaigne repousse-t-il l'idée d'un repentir apporté par
l'âge? Rappelez-vous sa conception de la vertu, celle qui apparaît par
exemple dans l'essai I, xxvi, « De l'institution des enfants ». Quelle est la
conception de la vie morale qui se dégage de ce texte? — Pourquoi Montaigne insiste-t-il sur la continuité de sa pensée? Quel est ici encore l'importance du jugement dans la vie morale? Cela n'implique-t-il pas un continuel
exercice? — Montrez que Montaigne s'inscrit en faux contre une certaine
conception de la vieillesse synonyme de sagesse. — Relevez les différentes
images de ce texte : quel ton donnent-elles à celui-ci?

250 et démentir la plus belle, entière et longue partie
de ma vie. Je me veux présenter et faire voir
partout uniformément. Si j'avais à revivre, je
revivrais comme j'ai vécu; ni je ne plains le
passé, ni je ne crains l'avenir. Et si je ne me
255 déçois, il est allé* du dedans environ comme du   * il en est allé
dehors. C'est une des principales obligations
que j'aie à ma fortune, que le cours de mon état
corporel ait été conduit chaque chose en sa saison.
J'en ai vu l'herbe et les fleurs et le fruit; et en
260 vois la sécheresse. Heureusement, puisque c'est
naturellement. Je porte* bien plus doucement les   * je supporte
maux que j'ai, d'autant qu'ils sont en leur
point* et qu'ils me font aussi plus favorablement   * en leur saison
souvenir de la longue félicité de ma vie passée.
265 Pareillement, ma sagesse peut bien être de
même taille en l'un et en l'autre temps; mais
elle était bien de plus d'exploit* et de meilleure   * capable d'ac-
grâce, verte*, gaie, naïve**, qu'elle n'est à pré-   tions plus bril-
                                                          lantes
sent : croupie, grondeuse, laborieuse*. Je renonce   * vigoureuse
270 donc à ces réformations casuelles* et doulou-   ** naturelle
                                                       * pénible
reuses¹. (7)   * accidentelles

[VERTU ET DÉSIRS]

   II Il faut que Dieu nous touche le courage*.   * le cœur
Il faut que notre conscience s'amende d'elle-
même par renforcement de notre raison, non par
275 l'affaiblissement de nos appétits*. La volupté   * désirs
n'en est en soi ni pâle ni décolorée, pour être

---

1. Montaigne rejette cette sorte de conversion à la sagesse parce qu'elle est acci-
dentelle et contraire à son idée de la félicité humaine.

─────── **QUESTIONS** ───────

7. Quel est le rôle de la raison dans la réforme intérieure? Montaigne
croit-il à un bon usage de la maladie et de la vieillesse? Montrez que
nous retrouvons ici le goût de l'indépendance d'esprit de Montaigne. —
A quoi Montaigne s'oppose-t-il lorsqu'il fait résider *l'humaine félicité*
dans *le vivre heureusement?* — Pourquoi Montaigne n'éprouve-t-il pas
de regret? Montrez qu'il fait confiance dans le pouvoir de la volonté;
cherchez dans le texte une formule qui le montre. — Appréciez la séré-
nité des dernières lignes : à quoi est-elle due? Comment Montaigne
évoque-t-il les différentes périodes de sa vie?

aperçue par des yeux chassieux et troubles. On
doit aimer la tempérance par elle-même et pour
le respect de Dieu, qui nous l'a ordonnée, et la
280 chasteté; celle que les catarrhes* nous prêtent   * rhumes
et que je dois au bénéfice de ma colique*, ce   * la gravelle
n'est ni chasteté ni tempérance. On ne peut se
vanter de mépriser et combattre la volupté, si
on ne la voit, si on l'ignore, et ses grâces, et ses
285 forces, et sa beauté, plus attrayante*. Je connais   * la plus
l'une et l'autre[1], c'est à moi à le dire. Mais   attrayante
il me semble qu'en la vieillesse nos âmes sont
sujettes à des maladies et imperfections plus
importunes qu'en la jeunesse. Je le disais étant
290 jeune; lors on me donnait de mon menton par
le nez[2]. Je le dis encore à cette heure que mon
poil gris m'en donne le crédit. Nous appelons
sagesse la difficulté de nos humeurs, le dégoût
des choses présentes. Mais, à la vérité, nous ne
295 quittons pas tant les vices, comme nous les chan-
geons, et, à mon opinion, en pis. Outre une sotte
et caduque* fierté, un babil ennuyeux, ces   * fragile
humeurs épineuses et inassociables*, et la super-   * insociables
stition, et un soin ridicule des richesses lorsque
300 l'usage en est perdu, j'y trouve plus d'envie,
d'injustice et de malignité*. Elle nous attache   * méchanceté
plus de rides en l'esprit qu'au visage; et ne se
voit point d'âmes, ou fort rares, qui en vieillissant ne sentent à l'aigre et au moisi. L'homme
305 marche entier vers son croît et vers son décroît.
III A voir la sagesse de Socrate et plusieurs
circonstances de sa condamnation, j'oserais croire
qu'il s'y prêta aucunement lui-même par pré-
varication*, à dessein, ayant de si près, âgé de   * déviation
310 soixante et dix ans, à souffrir l'engourdissement   (par rapport à
des riches allures de son esprit et l'éblouissement*   une attitude
de sa clarté accoutumée.   normale)
   * l'obscurcisse-
   ment
II Quelles métamorphoses lui vois-je faire tous
les jours en plusieurs de mes connaissants*!   * mes connaissances

---

1. C'est-à-dire la volupté et la tempérance; 2. On me reprochait ma prétention.
Le *menton* encore imberbe du jeune homme est le signe de son inexpérience (par
opposition au *poil gris* de la phrase suivante). Quant à l'expression *donner par le
nez*, elle signifie : « lancer à la figure un reproche ».

315 C'est une puissante maladie et qui se coule
naturellement et imperceptiblement. Il y faut
grande provision d'étude et grande précaution
pour éviter les imperfections qu'elle nous charge,
ou au moins affaiblir leur progrès. Je sens que,
320 nonobstant tous mes retranchements, elle gagne
pied à pied sur moi. Je soutiens* tant que je   * je résiste
puis. Mais je ne sais enfin où elle me mènera
moi-même. A toutes aventures*, je suis content   * à tout hasard
qu'on sache d'où je serai tombé. **(8) (9)**

CHAPITRE III

DE TROIS COMMERCES

[SOLITUDE]

II [...] La solitude que j'aime et que je prêche,
ce n'est principalement que ramener à moi mes
affections* et mes pensées, restreindre et resserrer   * sentiments
non mes pas, ains* mes désirs et mon souci,   * mais
5 résignant* la sollicitude étrangère et fuyant mor-   * abandonnant
tellement la servitude et l'obligation, **III** et non
tant la foule des hommes que la foule des affaires.
II La solitude locale, à dire vérité, m'étend plutôt
et m'élargit au-dehors; je me jette aux affaires
10 d'État et à l'univers plus volontiers quand je suis
seul. Au Louvre et en la foule, je me resserre
et contrains en ma peau; la foule me repousse
à moi, et ne m'entretiens jamais si follement, si
licencieusement et particulièrement qu'aux lieux

─────── **QUESTIONS** ───────

8. D'après les premières lignes de ce passage, quels sont les deux
moyens de la réforme morale? — Pourquoi Montaigne s'oppose-t-il à
certains moralistes? — Quels sont les griefs de Montaigne contre la
vieillesse? Comment essaie-t-il d'y résister? Relevez dans les dernières
lignes ce qui donne au texte un aspect tendu. — Relevez les expressions
pittoresques et réalistes de ce passage.

9. SUR L'ENSEMBLE DE L'EXTRAIT DU CHAPITRE II. — Quels peuvent
être, dans la littérature française, les prolongements de cette philosophie
de la vie?

15 de respect et de prudence cérémonieuse. Nos
folies ne me font pas rire, ce sont nos sapiences*.   * sagesses
De ma complexion, je ne suis pas ennemi de
l'agitation des cours; j'y ai passé partie de la vie,
et suis fait à me porter allégrement aux grandes
20 compagnies, pourvu que ce soit par intervalles
et à mon point*. Mais cette mollesse de jugement,   * à mon heure
de quoi je parle, m'attache par force à la soli-
tude; voire chez moi, au milieu d'une famille*   * tous les habi-
peuplée et maison des plus fréquentées. J'y vois   tants d'une
25 des gens assez, mais rarement ceux avec qui   maison
j'aime à communiquer; et je réserve là, et pour
moi et pour les autres, une liberté inusitée. Il
s'y fait trêve de cérémonie, d'assistance et
convoiements*, et telles autres ordonnances   * action de tenir
30 pénibles de notre courtoisie (ô la servile et   compagnie et
importune usance*!); chacun s'y gouverne à sa   de reconduire
mode; y entretient qui veut ses pensées; je m'y   * usage
tiens muet, rêveur et enfermé, sans offense de
mes hôtes*. (10)   * sans que mes
                                                        hôtes en pren-
                                                        nent offense

[PLAISIR DE LA CONVERSATION]

35   Les hommes de la société et familiarité desquels
je suis en quête, sont ceux qu'on appelle honnêtes
et habiles* hommes; l'image de ceux-ci me   * de grand talent
dégoûte des autres. C'est, à le bien prendre,
de nos formes la plus rare, et forme qui se doit
40 principalement à la nature. La fin de ce commerce,
c'est simplement la privauté, fréquentation et
conférence* : l'exercice des âmes, sans autre   * conversation
fruit. En nos propos, tous sujets me sont égaux;
il ne me chaut* qu'il n'y ait ni poids ni profon-   * il ne m'importe
45 deur; la grâce et la pertinence* y sont toujours; * la justesse
tout y est teint d'un jugement mûr et constant,

───────── QUESTIONS ─────────

10. En quoi cette conception de la solitude est-elle originale? Précisez
ce qui donne à la pensée de Montaigne un tour paradoxal. Pourquoi
Montaigne a-t-il soin de préciser qu'il sait se comporter *aux grandes
compagnies?* Ce que nous connaissons de sa vie justifie-t-il cette préci-
sion? — Que reproche Montaigne aux règles de la courtoisie?

et mêlé de bonté, de franchise, de gaîté et d'amitié. Ce n'est pas au sujet des substitutions[1] seulement que notre esprit montre sa beauté et sa
50 force, et aux affaires des rois ; il la montre autant
aux confabulations* privées. Je connais mes gens   * causeries
au silence même et à leur sourire, et les découvre
mieux, à l'aventure, à table qu'au conseil. Hyppo-
machus disait bien qu'il connaissait les bons lut-
55 teurs à les voir simplement marcher par une rue.
S'il plaît à la doctrine* de se mêler à nos devis**,   * science ** pro-
elle n'en sera point refusée : non magistrale[2],   pos
impérieuse et importune comme de coutume,
mais suffragante* et docile elle-même. Nous n'y   * donnant son
60 cherchons qu'à passer le temps ; à l'heure d'être   avis
instruits et prêchés, nous l'irons trouver en son
trône. Qu'elle se démette* à nous pour ce coup,   * qu'elle s'abaisse
s'il lui plaît ; car, toute utile et désirable qu'elle
est, je présuppose qu'encore au besoin nous en
65 pourrions nous bien du tout passer, et faire notre
effet* sans elle. Une âme bien née et exercée à la   * faire ce que
pratique des hommes se rend pleinement agréable   nous voulons
d'elle-même. L'art n'est autre chose que le   faire
contrôle et le registre des productions de
70 telles âmes. (11)

[Après le commerce des hommes et celui des
femmes, Montaigne aborde celui des livres.]

---

1. *Substitutions* : terme de jurisprudence. Disposition par laquelle on appelle
successivement un ou plusieurs héritiers à succéder pour que celui qu'on a appelé
le premier ne puisse aliéner les biens sujets à la substitution ; **2.** A condition qu'elle
ne s'impose pas en maîtresse.

QUESTIONS

11. Pourquoi cet idéal de la conversation n'est-il pas le fait d'un pédant ?
— Montrez qu'il s'agit d'abord de plaisir et de détente, mais aussi d'un
exercice de l'esprit et de l'âme. — L'investigation psychologique ne perd
pas ses droits : où Montaigne se montre-t-il attentif à connaître son
visiteur ? — En quoi réside la valeur d'une conversation ? Pourquoi
Montaigne est-il peu disposé à y introduire la science ? — La dernière
phrase qui concerne l'art est-elle sans échos dans les *Essais* ? Montrez
que l'on peut en faire une des règles du style chez Montaigne ?

[Le commerce des livres]

11 Celui des livres a pour sa part la constance et facilité de son service. Cettui-ci côtoie tout mon cours* et m'assiste par tout. Il me console en la vieillesse et en la solitude. Il me décharge
75 du poids d'une oisiveté ennuyeuse; et me défait à toute heure des compagnies qui me fâchent*. Il émousse les pointures* de la douleur, si elle n'est du tout* extrême et maîtresse. Pour me distraire d'une imagination* importune, il n'est
80 que de recourir aux livres; ils me détournent facilement à eux et me la dérobent. Et si* ne se mutinent* point pour voir¹ que je ne les recherche qu'au défaut de ces autres commodités, plus réelles, vives et naturelles; ils me reçoivent tou-
85 jours de même visage.

    Il a beau* aller à pied, dit-on, qui mène son cheval par la bride; et notre Jacques, roi de Naples et de Sicile, qui, beau, jeune et sain, se faisait porter par pays en civière, couché sur un
90 méchant oreiller de plume, vêtu d'une robe de drap gris et un bonnet de même, suivi cependant d'une grande pompe royale, litières, chevaux à main de toutes sortes, gentilshommes et officiers, représentait une austérité tendre encore et chan-
95 celante² : le malade n'est pas à plaindre qui a la guérison en sa manche³. En l'expérience et usage de cette sentence*, qui est très véritable, consiste tout le fruit que je tire des livres. Je ne m'en sers, en effet, quasi non plus que ceux qui
100 ne les connaissent point. J'en jouis, comme les avaricieux des trésors, pour savoir* que j'en jouirai quand il me plaira; mon âme se rassasie et contente de ce droit de possession. Je ne voyage sans livres ni en paix ni en guerre. Toute-

*m'accompagne dans tout le cours de ma vie

* déplaisent
* les piqûres
* tout à fait
* pensée

* de plus
* ne se fâchent pas

* il lui est facile

* opinion

* parce que je sais

---

1. En voyant; 2. Anecdote empruntée par Montaigne aux *Mémoires* d'Olivier de La Marche sur l'entrée du roi Jacques à Pontarlier; 3. A portée de sa main (le revers de la manche servait parfois de poche).

105 fois il se passera plusieurs jours, et des mois,
sans que je les emploie : Ce sera tantôt*, fais-je,
ou demain, ou quand il me plaira. Le temps
court et s'en va, cependant*, sans me blesser.
Car il ne se peut dire combien je me repose et
110 séjourne* en cette considération, qu'ils sont à
mon côté pour me donner du plaisir à mon
heure, et à reconnaître combien ils portent de
secours à ma vie. C'est la meilleure munition*
que j'aie trouvée à cet humain voyage, et plains
115 extrêmement les hommes d'entendement qui l'ont
à dire*. J'accepte plutôt toute autre sorte d'amusement, pour léger qu'il soit, d'autant que
cettui-ci ne me peut faillir. **(12)**

* tout à l'heure

* pendant ce
temps

* soulage

* provision

* qui en sont pri-
vés

[LA LIBRAIRIE]

Chez moi, je me détourne un peu plus souvent*
120 à ma librairie*, d'où tout d'une main** je commande à mon ménage*. Je suis sur l'entrée[1] et
vois sous moi mon jardin, ma basse-cour, ma
cour, et dans la plupart des membres* de ma
maison. Là, je feuillette à cette heure un livre,
125 à cette heure un autre, sans ordre et sans dessein,
à pièces décousues; tantôt je rêve, tantôt j'enre-
gistre et dicte, en me promenant, mes songes que
voici.

* plus souvent
qu'en voyage
* bibliothèque
** facilement
* maison

* parties

III Elle est au troisième étage d'une tour. Le
130 premier, c'est ma chapelle, le second une chambre
et sa suite, où je me couche souvent, pour être
seul. Au-dessus, elle a une grande garde-robe.
C'était au temps passé le lieu plus inutile* de ma
maison. Je passe là et la plupart des jours de ma

* le plus inutile

---

1. La tour où était cette librairie s'élevait en avant des autres bâtiments.

──────── **QUESTIONS** ────────

12. Quels sont, d'après le premier paragraphe, les différents « mérites »
du livre? — Comment Montaigne utilise-t-il ses livres? Montrez qu'il
cherche avant tout son plaisir, et la certitude de ne point en être privé.
— Par quelles expressions Montaigne traduit-il sa passion des livres?

135 vie, et la plupart des heures du jour. Je n'y suis
jamais la nuit. A sa suite est un cabinet assez
poli*, capable à recevoir du feu pour l'hiver,   * élégant
très plaisamment percé*. Et, si je ne craignais   * très agréable-
non plus le soin* que la dépense, le soin qui me   ment percé de
                                                       fenêtres
140 chasse de toute besogne, je pourrais facilement   * le souci
coudre à chaque côté une galerie de cent pas de
long et douze de large, à plain-pied*, ayant   * au niveau de la
trouvé tous les murs montés pour autre usage,   bibliothèque
à la hauteur qu'il me faut. Tout lieu retiré
145 requiert un promenoir. Mes pensées dorment
si je les assis. Mon esprit ne va, si les jambes
ne l'agitent. Ceux qui étudient sans livre, en
sont tous là. La figure* en est ronde et n'a de   * la forme (de la
plat que ce qu'il faut à ma table et à mon siège,   salle)
150 et vient m'offrant en se courbant, d'une vue,
tous mes livres, rangés à cinq degrés, tout à   * sur cinq rayons
l'environ*. Elle a trois vues de riche et libre   tout autour
prospect*, et seize pas de vide en diamètre.   * perspective
En hiver, j'y suis moins continuellement : car
155 ma maison est juchée sur un tertre, comme dit
son nom[1], et n'a point de pièce plus éventée que
cette-ci; qui me plaît d'être un peu pénible* et   * pénible d'accès
à l'écart, tant pour le fruit de l'exercice que
pour reculer de moi la presse*. C'est là mon   * la foule
160 siège*. J'essaie à m'en rendre la domination   * mon domicile
pure*, et à soustraire ce seul coin à la commu-   * totale
nauté et conjugale, et filiale, et civile*. Partout   * de mes conci-
ailleurs je n'ai qu'une autorité verbale, en essence   toyens
confuse*. Misérable à mon gré, qui n'a chez soi   * en réalité incer-
                                                     taine
165 où être à soi, où se faire particulièrement la cour[2],
où se cacher! L'ambition paye bien ses gens de
les tenir toujours en montre, comme la statue
d'un marché : « *Magna servitus est magna
fortuna*[3]. » Ils n'ont pas seulement leur retrait*   * lieux d'aisances
170 pour retraite. Je n'ai rien jugé de si rude en
l'austérité de vie que nos religieux affectent*,   * pratiquent

---

1. « Montaigne » est en effet le même mot que *montagne*; 2. En ne s'occupant
que de soi; 3. « C'est une grande servitude qu'une grande fortune » (Sénèque, *Conso-
lation à Polybe*, XXVI).

que ce que je vois en quelqu'une de leurs compagnies*, avoir pour règle une perpétuelle société**
de lieu, et assistance nombreuse entre eux, en
175 quelque action que ce soit. Et trouve aucunement*
plus supportable d'être toujours seul, que ne le
pouvoir jamais être.

❚ Si quelqu'un me dit que c'est avilir les muses
de s'en servir seulement de jouet et de passe-
180 temps, il ne sait pas, comme moi, combien vaut
le plaisir ❚❚❚, le jeu et le passe-temps. ❚❚ A peine
que* je ne die** toute autre fin être ridicule. Je
vis du jour à la journée; et, parlant en révérence*,
ne vis que pour moi : mes desseins se terminent
185 là. J'étudiais, jeune, pour l'ostentation*; depuis,
un peu, pour m'assagir; à cette heure, pour
m'ébattre; jamais pour le quest*. Une humeur
vaine et dépensière que j'avais après cette sorte
de meuble*, ❚❚❚ non pour en pourvoir seulement
190 mon besoin, mais de trois pas au-delà ❚❚ pour
m'en tapisser et parer, je l'ai piéça* abandonnée.

Les livres ont beaucoup de qualités agréables
à ceux qui les savent choisir; mais aucun bien
sans peine : c'est un plaisir qui n'est pas net et
195 pur, non plus que les autres; il a ses incom-
modités, et bien pesantes; l'âme s'y exerce, mais
le corps, duquel je n'ai non plus oublié le soin,
demeure cependant* sans action, s'atterre** et
s'attriste. Je ne sache excès plus dommageable
200 pour moi, ni plus à éviter en cette déclinaison* d'âge. [...] **(13) (14)**

Notes marginales :
* congrégations
** communauté
* en quelque façon
* peu s'en faut que
** je ne dise
* révérence parler
* pour briller
* le gain
* = les livres
* il y a longtemps
* pendant ce temps
** est abattu
* déclin

QUESTIONS

13. Pourquoi Montaigne a-t-il choisi un étage de cette tour pour en
faire sa librairie? — Cherche-t-il seulement le commerce des livres dans
cette retraite? Montrez qu'il y savoure à la fois les plaisirs de la solitude,
de la lecture et de la méditation. — Quelle est, selon Montaigne, la fin
de l'étude, à l'heure où il compose cet essai? Appréciez l'évolution de son
attitude. — Montrez que Montaigne a le souci de n'être pas pris pour
un écrivain de profession.

14. SUR L'ENSEMBLE DE L'EXTRAIT DU CHAPITRE III. — Retrouvez-vous
dans cet essai les principes exposés dans « De l'institution des enfants »?
— Comparez cet essai avec celui qui traite « De l'art de conférer » (III, VIII).

CHAPITRE VI

DES COCHES

[Montaigne évoque les jeux offerts au peuple par les empereurs romains. Mais c'est à cause de notre ignorance que nous les admirons.]

[RELATIVITÉ DE NOTRE CONNAISSANCE]

[...] **II** En ces vanités mêmes nous découvrons combien ces siècles étaient fertiles d'autres esprits que ne sont les nôtres. Il va de cette sorte de fertilité comme il fait* de toutes autres produc-   * il y va
5 tions de la nature. Ce n'est pas à dire qu'elle y ait lors employé son dernier effort. Nous n'allons point, nous rôdons plutôt, et tournoyons çà et là. Nous nous promenons sur nos pas. Je crains que notre connaissance soit faible en tous
10 sens, nous ne voyons ni guère loin, ni guère arrière; elle embrasse peu et vit peu, courte et en étendue de temps et en étendue de matière :

Vixere fortes ante Agamemnona
Multi, sed omnes illachrimabiles
15   *Urgentur ignotique longa*
Nocte[1].
Et supera bellum Trojanum et funera Trojae,
Multi alias alii quoque res cecinere poetae[2].

III Et la narration de Solon, sur ce qu'il avait
20 appris des prêtres d'Égypte de la longue vie de leur état et manière d'apprendre et conserver les histoires étrangères[3], ne me semble témoignage

---

1. « Bien des héros, avant Agamemnon, vivaient, mais eux on ne les pleure pas : la grande nuit s'étend, qui nous les cache » (Horace, *Odes*, IV, IX, 25); 2. « Avant la guerre en Troie, avant la mort de Troie, beaucoup d'autres exploits avaient eu leurs poètes » (Lucrèce, *De natura rerum*, V, 327); 3. Voir Platon, *Timée*, 22.

de refus en cette considération. « *Si interminatam*
25 *in omnes partes magnitudinem regionum videremus*
et temporum, in quam se injiciens animus et inten-
dens ita late longeque peregrinatur ut nullam oram
ultimi videat in qua possit insistere : in hac immen-
sitate infinita vis innumerabilium appareret for-
marum[1]. »

30 **‖** Quand tout ce qui est venu par rapport du
passé jusques à nous serait vrai et serait su par
quelqu'un, ce serait moins que rien au prix* de   * en comparaison
ce qui est ignoré. Et de cette même image du   de
monde qui coule pendant que nous y sommes,
35 combien chétive et raccourcie est la connaissance
des plus curieux! Non seulement des événements
particuliers que fortune rend souvent exemplaires
et pesants*, mais de l'état des grandes polices**   * importants
et nations, il nous en échappe cent fois plus   ** gouverne-
ments
40 qu'il n'en vient à notre science. Nous nous
écrions du miracle de l'invention de notre artil-
lerie, de notre impression*; d'autres hommes,   * imprimerie
un autre bout du monde à la Chine, en jouissait
mille ans auparavant. Si nous voyions autant
45 du monde comme nous n'en voyons pas, nous
apercevrions, comme il est à croire, une perpétuelle **‖‖** multiplication et **‖** vicissitude de formes.
Il n'y a rien de seul et de rare eu égard à nature,
ou bien eu égard à notre connaissance, qui est
50 un misérable fondement de nos règles et qui nous
représente volontiers une très fausse image des
choses. Comme vainement nous concluons
aujourd'hui l'inclination* et la décrépitude du   * déclin
monde par les arguments que nous tirons de notre
55 propre faiblesse et décadence,

    Jamque adeo affecta est aetas, affectaque tellus[2] ;

---

1. « Si nous avions sous les yeux la grandeur sans bornes et la totalité de l'espace
et du temps, où l'esprit qui s'y plonge et s'y applique parcourt toutes les dimensions
sans rencontrer jamais une borne qui l'arrête, alors en cette immensité nous apparaî-
trait une énergie infinie, créatrice de formes innombrables » (Cicéron, *De la nature
des dieux*, I, 20); 2. « Tant notre âge décline, et notre terre aussi » (Lucrèce, *De natura
rerum*, II, 1136).

ainsi vainement concluait cettui-là sa naissance
et jeunesse, par la vigueur qu'il voyait aux
esprits de son temps, abondants en nouvelletés
60 et inventions de divers arts :

> *Verum, ut opinor, habet novitatem summa, recensque*
> *Natura est mundi, neque pridem exordia coepit :*
> *Quare etiam quaedam nunc artes expoliuntur,*
> *Nunc etiam augescunt, nunc addita navigiis sunt*
> 65 *Multa*[1]. **(15)**

[L'ANCIEN ET LE NOUVEAU MONDE]

Notre monde vient d'en trouver un autre (et
qui nous répond si c'est le dernier de ses frères,
puisque les démons, les sibylles et nous, avons
ignoré cettui-ci jusqu'asture*?) non moins grand,   * jusqu'à cette
70 plein et membru que lui, toutefois si nouveau et   heure
si enfant qu'on lui apprend encore son a, b, c;
il n'y a pas cinquante ans qu'il ne savait ni
lettres, ni poids, ni mesure, ni vêtements, ni blés,
ni vignes. Il était encore tout nu au giron, et ne
75 vivait que des moyens de sa mère nourrice. Si
nous concluons bien de notre fin*, et ce poète[2]   * que nous
de la jeunesse de son siècle, cet autre monde ne   sommes à la
fera qu'entrer en lumière quand le nôtre en   fin du monde
sortira. L'univers tombera en paralysie; l'un

---

1. « L'univers, à mon sens, est encore en sa fleur. Le monde est tout récent, il est
né depuis peu. C'est pourquoi certains arts sont toujours en croissance, pourquoi
notre art naval fait de nombreux progrès » (Lucrèce, *De natura rerum*, v, 331);
2. Lucrèce, cité plus haut.

──────── QUESTIONS ────────

15. Comment Montaigne démontre-t-il la faiblesse de notre connaissance? Comparez ce développement avec celui de l'apologie de Raymond
Sebond. — Comment Montaigne conçoit-il le déroulement de l'histoire? A quoi s'oppose ici la connaissance? — Relisez la lettre de Gargantua à Pantagruel (*Pantagruel*, VIII) et l'éloge de l'imprimerie qu'on
y trouve. Montaigne partage-t-il l'enthousiasme de Rabelais? — Comparez ce passage avec « De l'institution des enfants » (I, XXVI). Montaigne
démontrait que notre connaissance est limitée et doit contempler l'ensemble du monde.

SV:

QVE
LLAN:

Phot. Larousse.

PORTULAN DATANT DE 1553
ET MONTRANT LA DÉCOUVERTE DE L'AMÉRIQUE

F. Delfinum

Pedit Galliram

Phot. Larousse.

En haut, miniature (1591) : les vaisseaux de Jean Ribault, explorant les côtes de Floride.

En bas, gravure de Th. de Bry (mort en 1598) : débarquement des Espagnols au sud du Nouveau Monde.

80 membre sera perclus, l'autre en vigueur. Bien
crains-je que nous aurons bien fort hâté sa
déclinaison* et sa ruine par notre contagion, et   * déclin
que nous lui aurons bien cher vendu nos opinions
et nos arts. C'était un monde enfant; si* ne   * cependant
85 l'avons-nous pas fouetté et soumis à notre discipline* par l'avantage de notre valeur et forces   * méthode
                                                          d'éducation
naturelles, ni ne l'avons pratiqué* par notre   * gagné
justice et bonté, ni subjugué par notre magna-
nimité. La plupart de leurs réponses et des
90 négociations faites avec eux témoignent qu'ils   * qu'ils ne nous
ne nous devaient rien* en clarté d'esprit natu-   étaient infé-
                                                          rieurs en rien
relle et en pertinence. L'épouvantable* magni-   * l'extraordinaire
ficence des villes de Cusco et de Mexico, et,
entre plusieurs choses pareilles, le jardin de ce
95 roi où tous les arbres, les fruits et toutes les
herbes, selon l'ordre et grandeur qu'ils ont en
un jardin, étaient excellemment formés en or;
comme, en son cabinet, tous les animaux qui
naissaient en son État et en ses mers; et la beauté
100 de leurs ouvrages en pierrerie, en plume, en
coton, en la peinture, montrent qu'ils ne nous
cédaient non plus en l'industrie*. Mais, quant à   * habileté
la dévotion, observance des lois, bonté, libéralité,
loyauté, franchise, il nous a bien servi de n'en
105 avoir pas tant qu'eux : ils se sont perdus par
cet avantage, et vendus, et trahis eux-mêmes.
Quant à la hardiesse et courage, quant à la
fermeté, constance, résolution contre les douleurs et la faim et la mort, je ne craindrais pas
110 d'opposer les exemples que je trouverais parmi
eux aux plus fameux exemples anciens que nous
avons aux mémoires de notre monde par deçà*.   * de ce côté-ci de
Car, pour ceux qui les ont subjugués, qu'ils   l'Océan
ôtent les ruses et batelages de quoi ils se sont
115 servis à les piper*, et le juste étonnement qu'ap-   * tromper
portait à ces nations-là de voir arriver si inopi-
nément des gens barbus, divers en langage, religion, en forme et en contenance, d'un endroit
du monde si éloigné et où ils n'avaient jamais
120 imaginé qu'il y eût habitation quelconque, montés sur des grands monstres inconnus, contre

ceux qui* n'avaient non seulement jamais vu
de cheval, mais bête quelconque duite* à porter
et soutenir homme ni autre charge; garnis d'une
125 peau luisante et dure et d'une arme tranchante
et resplendissante, contre ceux qui, pour le
miracle de la lueur d'un miroir ou d'un couteau,
allaient échangeant une grande richesse en or
et en perles, et qui n'avaient ni science ni matière
130 par où tout à loisir ils sussent percer notre acier;
ajoutez-y les foudres et tonnerres de nos pièces
et arquebuses, capables de troubler César même,
qui l'en eût* surpris autant inexpérimenté, et
à cette heure, contre ces peuples nus, si ce n'est
135 où l'invention était arrivée de quelque tissu de
coton, sans autres armes pour le plus que d'arcs,
pierres, bâtons III et boucliers de bois; II des
peuples surpris, sous couleur d'amitié et de
bonne foi, par la curiosité de voir des choses
140 étrangères et inconnues : comptez*, dis-je, aux
conquérants cette disparité*, vous leur ôtez
toute l'occasion de tant de victoires.

Quand je regarde cette ardeur indomptable
de quoi tant de milliers d'hommes, femmes et
145 enfants, se présentent et rejettent à tant de fois
aux dangers inévitables, pour la défense de leurs
dieux et de leur liberté; cette généreuse obsti-
nation de souffrir toutes extrémités et difficultés,
et la mort, plus volontiers que de se soumettre
150 à la domination de ceux de qui ils ont été si
honteusement abusés, et aucuns choisissant plutôt
de se laisser défaillir par faim et par jeûne, étant
pris, que d'accepter le vivre des mains de leurs
ennemis[1], si vilement victorieuses, je prévois que,
155 à qui les eût attaqués pair à pair, et d'armes, et
d'expérience, et de nombre, il y eût fait aussi

right margin notes:
* contre des gens qui
* dressée

* si on l'en eût

* mettez au compte des conquérants
* cette supério- rité

---

1. Ces détails sont empruntés à López de Gomara, *Histoire des Indes* (1553).
Cet auteur ne condamne pas cependant aussi vigoureusement que Montaigne les
crimes des Européens. Au moment où Montaigne écrit son III⁰ livre des *Essais*,
la conquête du Nouveau Monde par les Espagnols est terminée depuis une quaran-
taine d'années (invasion du Pérou, 1532; du Chili, 1541) et l'exploitation des res-
sources minières de l'Amérique du Sud est organisée. Mais, comme le prouvent plusieurs passages des *Essais*, l'importance considérable de ces événements n'a pas
échappé à Montaigne.

dangereux, et plus, qu'en autre guerre que nous voyons. (16)

[POUR UNE POLITIQUE HUMANISTE]

60 Que n'est tombée sous Alexandre ou sous ces anciens Grecs et Romains une si noble conquête, et une si grande mutation et altération de tant d'empires et de peuples sous des mains qui eussent doucement poli et défriché ce qu'il y avait de sauvage, et eussent conforté* et promu**   * fortifié ** dé-
65 les bonnes semences que nature y avait produites,   veloppé
mêlant non seulement à la culture des terres et ornements des villes les arts de deçà*, en tant   * de ce côté-ci de
qu'elles y eussent été nécessaires, mais aussi   l'Océan
mêlant les vertus grecques et romaines aux origi-
70 nelles du pays! Quelle réparation eût-ce été, et
quel amendement à toute cette machine*, que   * l'ensemble du
les premiers exemples et déportements* nôtres   monde
qui se sont présentés par-delà eussent appelé ces   * conduite
peuples à l'admiration et imitation de la vertu
75 et eussent dressé entre eux et nous une fraternelle société et intelligence! Combien il eût été
aisé de faire son profit d'âmes si neuves, si affa-
mées d'apprentissage, ayant pour la plupart de
si beaux commencements naturels! Au rebours,
80 nous nous sommes servis de leur ignorance et
inexpérience à les plier plus facilement vers la
trahison, luxure, avarice et vers toute sorte
d'inhumanité et de cruauté, à l'exemple et patron
de nos mœurs. Qui mit jamais à tel prix le service
85 de la mercadence* et de la trafique**? Tant de   * commerce
villes rasées, tant de nations exterminées, tant   ** du trafic
de millions de peuples passés au fil de l'épée,
et la plus riche et belle partie du monde

───── QUESTIONS ─────

16. Comment Montaigne passe-t-il de l'idée que notre connaissance est limitée au réquisitoire contre la conquête européenne en Amérique? — Quels sont les reproches adressés par Montaigne aux conquérants? — Comment Montaigne évoque-t-il les royaumes d'Amérique? Par quels aspects du style l'émotion et l'indignation se marquent-elles?

bouleversée pour la négociation des perles et
190 du poivre : mécaniques* victoires. Jamais l'ambition, jamais les inimitiés publiques ne poussèrent
les hommes les uns contre les autres à si horribles
hostilités et calamités si misérables. [...] **(17) (18)**

* dégradantes

CHAPITRE VIII

DE L'ART DE CONFÉRER

[LA CONVERSATION]

[...] **II** Le plus fructueux et naturel exercice
de notre esprit, c'est à mon gré la conférence*.
J'en trouve l'usage plus doux que d'aucune
autre action de notre vie; et c'est la raison
5 pourquoi, si j'étais asture* forcé de choisir,
je consentirais plutôt, crois-je, de perdre la
vue que l'ouïe ou le parler. Les Athéniens, et
encore les Romains, conservaient en grand
honneur cet exercice en leurs académies. De
10 notre temps, les Italiens en retiennent quelques
vestiges, à leur grand profit, comme il se voit
par la comparaison de nos entendements* aux
leurs. L'étude des livres, c'est un mouvement
languissant et faible qui n'échauffe point : là
15 où* la conférence apprend et exerce en un coup.
Si je confère avec une âme forte et un roide
jouteur, il me presse les flancs, me pique à gauche
et à dextre*; ses imaginations élancent les
miennes. La jalousie, la gloire, la contention*

* la conversation

* à cette heure

* nos intelli-
gences

* tandis que

* à droite
* la rivalité

─────── **QUESTIONS** ───────

17. Quel aurait dû être, selon Montaigne, le véritable rôle des Européens? Pourquoi a-t-il l'idée d'une mission de l'Ancien Monde auprès
du Nouveau? — Quelle est l'importance du thème de la bonté de la nature?
Marquez-en les limites. — En quoi cette page est-elle bien d'un humaniste?

18. Sur l'ensemble de l'extrait du chapitre VI. — Comparez cet
extrait avec Montesquieu, *l'Esprit des lois*, t. II, xv, 5.

20 me poussent et rehaussent au-dessus de moi-
même. Et l'unisson* est qualité du tout**   * l'accord
ennuyeuse en la conférence.   ** tout à fait

Comme notre esprit se fortifie par la communication des esprits vigoureux et réglés, il ne se
25 peut dire combien il perd et s'abâtardit par le
continuel commerce et fréquentation que nous
avons avec les esprits bas et maladifs. Il n'est
contagion qui s'épande comme celle-là. Je sais
par assez d'expérience combien en vaut l'aune*.   * je connais cet inconvénient
30 J'aime à contester et à discourir, mais c'est avec
peu d'hommes et pour moi. Car de servir de
spectacle aux grands et faire à l'envi parade
de son esprit et de son caquet, je trouve que c'est
un métier très messéant* à un homme d'hon-   * malséant
35 neur. [...]

J'entre en conférence et en dispute* avec   * discussion
grande liberté et facilité, d'autant que l'opinion
trouve en moi le terrain mal propre à y pénétrer
et y pousser de hautes* racines. Nulles propo-   * profondes
40 sitions m'étonnent*, nulle créance** me blesse,   * ne m'étonnent ** croyance
quelque contrariété qu'elle ait à la mienne*. Il   * si opposée qu'elle soit à la mienne
n'est si frivole et si extravagante fantaisie qui
ne me semble bien sortable* à la production de   * en accord
l'esprit humain. Nous autres, qui privons notre
45 jugement du droit de faire des arrêts, regardons
mollement les opinions diverses*, et, si nous n'y   * contraires
prêtons le jugement, nous y prêtons aisément
l'oreille. Où* l'un plat est vide du tout** en la   * lorsque ** complètement
balance, je laisse vaciller l'autre, sous les songes
50 d'une vieille[1]. Et me semble être excusable si
j'accepte plutôt le nombre impair; le jeudi au
prix* du vendredi; si je m'aime mieux douzième   * en comparaison
ou quatorzième que treizième à table; si je vois
plus volontiers un lièvre côtoyant que traversant
55 mon chemin quand je voyage, et donne plutôt
le pied gauche que le droit à chausser. Toutes
telles rêvasseries, qui sont en crédit autour de

1. Métaphore qui compare la faculté de porter des jugements aux plateaux d'une balance : le refus de porter des jugements décisifs (des *arrêts*) laisse vide un des plateaux; sur l'autre plateau se fait sentir le poids des superstitions (*les songes d'une vieille*).

nous, méritent au moins qu'on les écoute. Pour
moi, elles emportent seulement l'inanité*, mais
60 elles l'emportent. Encore* sont en poids les
opinions vulgaires et casuelles* autre chose que**
rien en nature. Et, qui ne s'y laisse aller jusques-là,
tombe à l'aventure au vice de l'opiniâtreté pour
éviter celui de la superstition. **(19)**

* elles sont plus
lourdes que le
vide (de l'autre
plateau)
* également
* fortuites
** plus que

[UTILITÉ DE LA CORRECTION]

65   Les contradictions donc des jugements ne
m'offensent ni m'altèrent; elles m'éveillent seulement et m'exercent. Nous fuyons à la correc-
tion¹, il s'y faudrait présenter et produire*,
notamment quand elle vient par forme de confé-
70 rence, non de régence*. A chaque opposition, on
ne regarde pas si elle est juste, mais, à tort ou
à droit*, comment on s'en défera. Au lieu d'y
tendre les bras, nous y tendons les griffes. Je
souffrirais être rudement heurté par mes amis :
75 Tu es un sot, tu rêves. J'aime, entre les galants
hommes, qu'on s'exprime courageusement, que
les mots aillent où va la pensée. Il nous faut for-
tifier l'ouïe et la durcir contre cette tendreur*
du son cérémonieux des paroles. J'aime une
80 société et familiarité* forte et virile, une amitié
qui se flatte* en l'âpreté et vigueur de son
commerce. [...]
    III Elle n'est pas assez vigoureuse et généreuse,
si elle n'est querelleuse, si elle est civilisée et
85 artiste*, si elle craint le heurt et a ses allures
contraintes :

* même sens que
présenter

* leçon

* à raison

* mollesse

* amitié
* trouve son plai-
sir

* étudiée

*Neque enim disputari sine reprehensione potest*².

1. Nous ne voulons pas qu'on nous redresse; 2. « Car on ne peut pas disputer sans
se disputer » (Cicéron, *De finibus*, I, 8).

━━━━━━━━━ **QUESTIONS** ━━━━━━━━━

19. Pourquoi Montaigne préfère-t-il la « conférence » à l'étude des
livres? Rapprochez ce passage de l'essai III, III, « De trois commerces ».
En quoi le caractère de Montaigne se prête-t-il bien à la conférence?
Quelle est la qualité indispensable pour entrer en conférence? — Quelle
est la fonction du jugement dans la conférence? — Voyez-vous l'importance des dernières phrases de ce passage? Quelle est la pensée de Montaigne concernant la crédulité?

❙❙ Quand on me contrarie*, on éveille mon attention, non pas ma colère; je m'avance vers celui qui me contredit, qui m'instruit. La cause de la vérité devrait être la cause commune à l'un et à l'autre. Que répondra-t-il? la passion du courroux lui a déjà frappé le jugement. Le trouble s'en est saisi avant la raison. Il serait utile qu'on passât par gageure la décision de nos disputes[1], qu'il y eût une marque matérielle de nos pertes, afin que nous en tinssions état, et que mon valet me pût dire : « Il vous coûta, l'année passée, cent écus à vingt fois d'avoir été ignorant et opiniâtre. »

Je festoie et caresse la vérité en quelque main que je la trouve, et m'y rends allégrement, et lui tends mes armes vaincues, de loin que* je la vois approcher. [...]

Je cherche à la vérité plus la fréquentation de ceux qui me gourment* que de ceux qui me craignent. C'est un plaisir fade et nuisible d'avoir affaire à gens qui nous admirent et fassent place. Antisthène commanda à ses enfants de ne savoir jamais gré ni grâce à homme qui les louât[2] Je me sens bien plus fier de la victoire que je gagne sur moi quand, en l'ardeur même du combat, je me fais plier sous la force de la raison de mon adversaire, que je ne me sens gré de la victoire que je gagne sur lui par sa faiblesse. **(20)**

* on me contredit

* d'aussi loin que

* réprimandent

---

1. Qu'on établit des paris à propos de nos disputes (qui aurait tort paierait un gage); 2. Détail tiré de l'opuscule de Plutarque *De la mauvaise honte*, XII. *Antisthène*, philosophe athénien (444-365 av. J.-C.), était le fondateur de l'école cynique.

─────── **QUESTIONS** ───────

20. Quel est le but de la conférence? Cherchez dans ce passage une phrase qui illustre bien l'idéal de Montaigne. — Montrez que le défaut critiqué ici par Montaigne est encore celui de la présomption. — Quelle est la valeur de l'impartialité de Montaigne? Rapprochez ce passage de l'essai III, x, « De ménager sa volonté ». — Montrez que la conversation, telle que la conçoit Montaigne, exige une discipline intérieure. — L'idéal de Montaigne, la franchise dans la conversation, sera-t-il celui du XVIIe siècle?

[L'ordre dans une bonne discussion]

Enfin, je reçois et avoue toutes sortes d'atteintes
qui sont de droit fil[1], pour faibles qu'elles soient,
mais je suis par trop impatient de* celles qui se   * je supporte
donnent sans forme. Il me chaut* peu de la   difficilement
120 matière, et me sont les opinions unes, et la   * je me soucie
victoire du sujet à peu près indifférente. Tout un   peu
jour je contesterai paisiblement, si la conduite
du débat se suit avec ordre. **III** Ce n'est pas
tant la force et la subtilité que je demande,
comme* l'ordre. L'ordre qui se voit tous les jours   * que
125 aux altercations des bergers et des enfants de
boutique, jamais entre nous. S'ils se détraquent*,   * s'ils sortent du
c'est en incivilité; si faisons-nous bien*. Mais   bon chemin
leur tumulte et impatience ne les dévoie pas de   * nous en faisons
130 leur thème : leur propos suit son cours. S'ils   autant
préviennent l'un l'autre*, s'ils ne s'attendent pas,   * s'ils parlent
au moins ils s'entendent. On répond toujours   avant leur tour
trop bien pour moi, si on répond à propos.
II Mais quand la dispute est trouble et déréglée,
135 je quitte la chose* et m'attache à la forme avec   * j'abandonne la
dépit et indiscrétion*, et me jette à une façon   discussion
de débattre têtue, malicieuse et impérieuse, de   * sans mesure
quoi j'ai à rougir après.

Il est impossible de traiter de bonne foi avec
140 un sot. Mon jugement ne se corrompt pas seulement à la main d'un maître si impétueux, mais
aussi ma conscience.

Nos disputes devaient* être défendues et   * devraient
punies comme d'autres crimes verbaux*. Quel   * de paroles
145 vice n'éveillent-elles et n'amoncellent, toujours
régies et commandées par la colère ! Nous entrons
en inimitié, premièrement contre les raisons, et
puis contre les hommes. Nous n'apprenons à
disputer* que pour contredire, et, chacun contre-   * discuter

---

1. Les coups qui me sont portés directement selon les bonnes règles de la discussion

50 disant et étant contredit, il en advient que le
fruit du disputer c'est perdre et anéantir la vérité.
Ainsi Platon, en sa *République*, prohibe cet exercice aux esprits inaptes et mal nés. [...] **(21) (22)**

CHAPITRE IX

DE LA VANITÉ

[Cet essai est un des exemples les plus frappants
de la composition capricieuse que Montaigne affec-
tionne. Les thèmes sont très divers : le voyage, le
ménage, la société politique, la mort, mais tous
s'ordonnent autour du thème qui justifie le titre
de l'essai.]

[MONTAIGNE ET SON MÉNAGE]

[...] **II** Parmi les conditions humaines, cette-ci
est assez commune : de nous plaire plus des
choses étrangères que des nôtres et d'aimer le
remuement et le changement.

5   *Ipsa dies ideo nos grato perluit haustu*
       Quod permutatis hora recurrit equis[1].

J'en tiens ma part. Ceux qui suivent l'autre
extrémité, de s'agréer* en eux-mêmes, d'estimer   * se complaire
ce qu'ils tiennent au-dessus du reste et de ne
10 reconnaître aucune forme plus belle que celle
qu'ils voient, s'ils ne sont plus avisés que nous,

---

1. « Le cours même du jour ne vous paraît aimable qu'autant que les chevaux
changent au char de l'heure » (fragment de Pétrone).

━━━━ QUESTIONS ━━━━

21. Que nous révèle ici Montaigne de son tempérament ? — Analysez
la psychologie de la conférence selon lui. A quelles règles doit obéir une
fructueuse discussion ? — Distinguez celles qui concernent : *a)* les
personnes ; *b)* l'ordre.

22. SUR L'ENSEMBLE DE L'EXTRAIT DU CHAPITRE VIII. — Pourquoi Pascal
a-t-il pu appeler Montaigne : « L'incomparable auteur de l'*Art de conférer* »? — En quoi ces pages sont-elles tout à fait neuves dans la littérature
française ?

ils sont à la vérité plus heureux. Je n'envie point
leur sagesse, mais oui* leur bonne fortune.   * mais j'envie

Cette humeur avide des choses nouvelles et
15 inconnues aide bien à nourrir en moi le désir
de voyager, mais assez d'autres circonstances y
confèrent*! Je me détourne volontiers du gou-   * y contribuent
vernement de ma maison. Il y a quelque commo-
dité* à commander, fût-ce dans une grange, et à   * agrément
20 être obéi des siens; mais c'est un plaisir trop
uniforme et languissant. Et puis il est par néces-
sité* mêlé de plusieurs pensements** fâcheux :   * nécessairement
tantôt l'indigence et oppression de votre peuple,   **préoccupations
tantôt la querelle d'entre vos voisins, tantôt
25 l'usurpation qu'ils font sur vous, vous afflige. [...]

Je me suis pris tard au ménage*. Ceux que   * au gouverne-
nature avait fait naître avant moi m'en ont   ment de ma
déchargé longtemps. J'avais pris un autre pli,   maison
plus selon ma complexion. Toutefois, de ce que
30 j'en ai vu, c'est une occupation plus empêchante*   * absorbante
que difficile : quiconque est capable d'autre
chose le sera bien aisément de celle-là. Si je
cherchais à m'enrichir, cette voie me semblerait
trop longue; j'eusse servi les rois, trafic plus
35 fertile* que tout autre. Puisque III je ne pré-   * qui rapporte
tends acquérir que la réputation de n'avoir rien   davantage
acquis, non plus que dissipé, conformément au
reste de ma vie, impropre à faire bien et à faire
mal, et que II je ne cherche qu'à passer*, je le   * passer ma vie
40 puis faire, Dieu merci, sans grande attention. [...]

Ma présence, tout ignorante et dédaigneuse
qu'elle est, prête grande épaule à mes affaires
domestiques; je m'y emploie, mais dépiteuse-
ment*. Joint que j'ai cela chez moi que, pour   * à contre-cœur
45 brûler à part la chandelle par mon bout, l'autre
bout ne s'épargne de rien.

III Les voyages ne me blessent que par la
dépense, qui est grande et outre mes forces;
ayant accoutumé d'y être avec équipage non
50 nécessaire seulement, mais encore honnête*, il   * honorable
me les en faut faire d'autant plus courts et moins
fréquents, et n'y emploie que l'écume* et ma   * le surplus
réserve, temporisant et différant selon qu'elle

vient. Je ne veux pas que le plaisir du promener
55 corrompe le plaisir du repos; au rebours, j'entends qu'ils se nourrissent et favorisent l'un
l'autre. [...] **(23)**

[DIFFICULTÉS DU MÉNAGE]

II Tant y a que* le dommage qui vient de mon
absence ne me semble point mériter, pendant que
60 j'aurai de quoi le porter*, que je refuse d'accepter
les occasions qui se présentent de me distraire*
de cette assistance¹ pénible. Il y a toujours
quelque pièce* qui va de travers. Les négoces,
tantôt d'une maison, tantôt d'une autre, vous
65 tirassent*. Vous éclairez** toutes choses de trop
près; votre perspicacité vous nuit ici, comme si*
fait-elle assez ailleurs. Je me dérobe aux occasions de me fâcher et me détourne de la connaissance des choses qui vont mal; et si* ne puis
70 tant faire qu'à toute heure je ne heurte chez moi
en quelque rencontre qui me déplaise. **III** Et les
friponneries qu'on me cache le plus sont celles
que je sais le mieux. Il en est que, pour faire
moins mal*, il faut aider soi-même à cacher.
75 **II** Vaines pointures*, vaines parfois, mais toujours pointures. Les plus menus **III** et grêles **II**
empêchements* sont les plus perçants; et, comme
les petites lettres offensent* et lassent plus les
yeux, aussi nous piquent plus les petits affaires².
80 **III** La tourbe* des menus maux offense plus que

* toujours est-il
que

* supporter
* détourner

* quelque affaire
* tiraillent
** vous surveil-
lez
* aussi

* cependant

* pour qu'elles
fassent moins
souffrir
* piqûres

* entraves
* blessent

* foule

---

1. Le fait d'être présent à son ménage; 2. *Affaire* est masculin.

QUESTIONS

23. Quelle est la raison profonde qui pousse Montaigne à voyager?
Replacez cela dans le propos général de l'essai. — Montaigne pense-t-il
sincèrement que ceux qui *s'agréent en eux-mêmes* soient sages et heureux?
— Comment Montaigne envisage-t-il les choses du « ménage »? Cherche-
t-il des excuses à son inaptitude? Montrez qu'il s'agit surtout d'un choix,
en fonction de son tempérament et en fonction d'un certain idéal moral.

violence d'un, pour grand qu'il soit*. ‖ A mesure   * si grand soit-il
que ces épines domestiques sont drues et déliées*,   * fines
elles nous mordent plus aigu et, sans menace,
nous surprennent facilement à l'impourvu*.   * à l'improviste

85   ‖‖ Je ne suis pas philosophe : les maux me
foulent selon qu'ils pèsent*; et pèsent selon la   * me pressent se-
forme comme selon la matière, et souvent plus.   lon leur poids
J'en ai plus de connaissance que le vulgaire; si*   * et ainsi
j'ai plus de patience*. Enfin, s'ils ne me blessent,   * endurance
90 ils m'offensent. C'est chose tendre que la vie et
aisée à troubler. ‖ Depuis que* j'ai le visage   * dès le moment
tourné vers le chagrin ‖‖ « *nemo enim resistit sibi*   où
cum coeperit impelli[1] », ‖ pour sotte cause que
m'y aie porté[2], j'irrite l'humeur* de ce côté-là   * le mécontente-
95 qui se nourrit après et s'exaspère de son propre   ment
branle*, attirant et amoncelant une matière sur   * mouvement
autre, de quoi se paître* :   * se nourrir

Stillicidi casus lapidem cavat[3].

Ces ordinaires gouttières[4] me mangent. ‖‖ Les
100 inconvénients ordinaires ne sont jamais légers.
Ils sont continuels et irréparables, nommément*   * en particulier
quand ils naissent des membres* du ménage,   * détails
continuels et inséparables.

‖ Quand je considère mes affaires de loin et en
105 gros, je trouve, soit* pour n'en avoir la mémoire   * peut-être
guère exacte, qu'ils sont allés jusques à cette
heure en prospérant outre mes contes* et mes   * au-delà de mes
raisons*. J'en retire, ce me semble, plus qu'il   comptes
n'y en a; leur bonheur me trahit[5]. Mais suis-je au-   * mes calculs
110 dedans de la besogne, vois-je marcher toutes ces
parcelles,

Tum vero in curas animum diducimur omnes[6],

---

1. « En effet, on ne résiste plus quand on a cédé à la première impulsion » (Sénèque, *Lettres à Lucilius*, XIII); 2. Pour si sotte cause que je m'y sois porté; 3. « La goutte d'eau perce la pierre » (Lucrèce, *De natura rerum*, I, 314); 4. Fissures causées par les gouttes (les ennuis); 5. Me trompe en dépassant mes espérances; 6. « L'âme alors se partage entre mille soucis » (Virgile, *l'Énéide*, V, 720).

mille choses m'y donnent à désirer et craindre.
De les abandonner du tout* il m'est très facile,   * tout à fait
115 de m'y prendre sans m'en peiner, très difficile.
C'est pitié d'être en lieu où tout ce que vous
voyez vous enbesogne* et vous concerne**. Et   * vous occupe
me semble jouir plus gaiement les plaisirs d'une   ** accapare
maison étrangère et y apporter le goût plus naïf*.   * plus pur
120 **III** Diogène répondit selon moi*, à celui qui lui   * à mon goût
demanda quelle sorte de vin il trouvait le meil-
leur : L'étranger, fit-il.
II Mon père aimait à bâtir Montaigne, où il
était né[1], et en toute cette police* d'affaires   * administration
125 domestiques, j'aime à me servir de son exemple
et de ses règles, et y attacherai mes successeurs
autant que je pourrai. Si je pouvais mieux pour
lui, je le ferais. Je me glorifie que sa volonté
s'exerce encore et agisse par moi. Jà*, à Dieu ne   * désormais
130 plaise que je laisse faillir entre mes mains aucune
image de vie que je puisse rendre à un si bon
père. Ce que* je me suis mêlé d'achever quelque   * quant au fait
vieux pan de mur et de ranger quelque pièce   que
de bâtiment mal dolé*, ç'a été certes plus regar-   * construit
135 dant à son intention qu'à mon contentement.
III Et accuse ma fainéance de n'avoir passé
outre* à parfaire les beaux commencements qu'il   * continué
a laissés en sa maison; d'autant plus que je suis
en grands termes[2] d'en être le dernier possesseur
140 de ma race et d'y porter la dernière main.
II Car quant à mon application particulière, ni
ce plaisir de bâtir qu'on dit être si attrayant,
ni la chasse, ni les jardins, ni ces autres plaisirs
de la vie retirée, ne me peuvent beaucoup amuser.
145 C'est chose de quoi je me veux mal*, comme de   * je m'en veux
toutes autres opinions qui me sont incommodes*.   * qui ne sont pas
Je ne me soucie pas tant de les avoir vigoureuses   adaptées à la
et doctes, comme je me soucie de les avoir aisées   vie

---

1. Ramon Eyquem, le bisaïeul de Michel, avait acheté le château de Montaigne
en 1477. Le père de l'écrivain y était né en 1495; 2. En situation; effectivement, il
ne laissa qu'une fille.

et commodes à la vie : **III** elles sont assez vraies
150 et saines si elles sont utiles et agréables. **(24)**

[FAUT-IL ÊTRE BON ÉCUYER OU BON LOGICIEN ?]

II Ceux qui, en m'oyant dire mon insuffisance
aux occupations du ménage, vont me soufflant
aux oreilles que c'est dédain, et que je laisse*   * je néglige
de savoir les instruments du labourage, ses sai-
155 sons, son ordre, comment on fait mes vins,
comme on ente*, et de savoir le nom et la forme   * on greffe
des herbes et des fruits et l'apprêt des viandes*   * aliments
de quoi je vis, **III** le nom et le prix des étoffes
de quoi je m'habille, **II** pour avoir à cœur quelque
160 plus haute science, ils me font mourir. Cela c'est
sottise et plutôt bêtise que gloire. Je m'aimerais
mieux bon écuyer que bon logicien :

  Quin tu aliquid saltem potius quorum indiget usus,
  Viminibus mollique paras detexere junco[1]?

165 **III** Nous empêchons* nos pensées du général   * nous embarras-
et des causes et conduites universelles, qui se   sons
conduisent très bien sans nous, et laissons en
arrière notre fait et Michel*, qui nous touche   * le prénom de
encore de plus près que l'homme. **II** Or j'arrête*   Montaigne
170 bien chez moi le plus ordinairement, mais je   * je m'arrête
voudrais m'y plaire plus qu'ailleurs.

    Sit meae sedes utinam senectae,
    Sit modus lasso maris, et viarum,
      Militiaeque[2].

───────────

1. « Que ne t'occupes-tu dans un travail utile, à tresser tes osiers et ton flexible
jonc » (Virgile, *Bucoliques*, II, 71); 2. « Que ce soit là l'abri de ma vieillesse, et
mon repos des fatigues sur mer et de la vie errante et militaire » (Horace, *Odes*, II,
VI, 6).

─────── **QUESTIONS** ───────

24. En quoi ce que Montaigne nous dit ici de son caractère rejoint-il
les analyses de l'essai II, XVII, « De la présomption » ? — Quel rôle la
composition des *Essais* a-t-elle pu jouer pour Montaigne ? — Montrez
que son dégoût pour les choses du ménage est encore une marque de la
vanité de l'homme et de son besoin de changement. — Quel est exactement le sentiment de Montaigne à l'égard de son père ? Montrez qu'il a
conscience d'incarner un type d'homme assez nouveau. Appréciez la
mélancolie devant l'idée de cette fin de race.

175 Je ne sais si j'en viendrai à bout. Je voudrais
qu'au lieu de quelque autre pièce de sa succession, mon père m'eût résigné cette passionnée
amour qu'en ses vieux ans il portait à son
ménage. Il était bien heureux de ramener ses
180 désirs à sa fortune, et de se savoir plaire de ce
qu'il avait. La philosophie politique aura bel*   * pourra bien
accuser la bassesse et stérilité de mon occupa-
tion, si j'en puis **III** une fois* **II** prendre le goût **III**   * un jour
comme lui. **II** Je suis de cet avis, que la plus hono-
185 rable vacation* est de servir au public et être utile   * occupation
à beaucoup. **III** « *Fructus enim ingenii et virtutis
omnisque praestantiae tum maximus accipitur, cum
in proximum quemque confertur*[1]. » **II** Pour mon
regard je m'en dépars* : partie par conscience   * je m'en abstiens
190 (car par où je vois le poids qui touche telles
vacations, je vois aussi le peu de moyen que j'ai
d'y fournir; **III** et Platon, maître ouvrier en tout
gouvernement politique, ne laissa de s'en abste-
nir), partie par poltronnerie. Je me contente de
195 jouir le monde sans m'en empresser*, de vivre   * sans m'en
une vie seulement excusable, et qui seulement ne   occuper avec
pèse ni à moi ni à autrui. [...] **(25)**   trop d'ardeur

[POURQUOI MONTAIGNE VOYAGE]

II Je réponds ordinairement à ceux qui me
demandent raison de mes voyages : que je sais
200 bien ce que je fuis, mais non pas ce que je cherche.
Si on me dit que parmi les étrangers il y peut y
avoir aussi peu de santé* et que leurs mœurs ne   * santé morale et
politique

---

1. « Les fruits de l'esprit, de la vertu et de toute supériorité, nous n'en jouissons
au plus haut degré qu'en les rapportant de quelque manière au prochain » (Cicéron,
De l'amitié, XIX).

――――――― **QUESTIONS** ―――――――

25. Pourquoi Montaigne se défend-il d'être un « intellectuel »? Cette
réaction est-elle sincère? Voir l'essai III, XIII, « De l'expérience ». —
Montrez que Montaigne regrette de ne pas vivre tout à fait selon la
sagesse *(ramener ses désirs à sa fortune)*. — Comparez les dernières
lignes de ce passage avec l'essai III, x, « De ménager sa volonté ». —
Comment Montaigne cherche-t-il à passer sa vie?

VUE PERSPECTIVE DE ROME

AU MILIEU DU XVIᵉ SIÈCLE

valent pas mieux que les nôtres, je réponds :
premièrement qu'il est mal aisé :

205   *Tam multae scelerum facies[1] !*

secondement, que c'est toujours gain de changer
un mauvais état à un état incertain et que les
maux d'autrui ne nous doivent pas poindre*   * être pénibles
comme les nôtres. [...]

210   **II** Outre ces raisons, le voyager me semble un
exercice profitable. L'âme y a une continuelle
exercitation* à remarquer les choses inconnues et   * exercice
nouvelles; et je ne sache point meilleure école,
comme j'ai dit souvent, à former la vie que de
215 lui proposer incessamment la diversité de tant
d'autres vies, **III** fantaisies* et usances**, **II** et   * opinions
lui faire goûter une si perpétuelle variété de   ** usages
formes de notre nature. Le corps n'y est ni oisif
ni travaillé*, et cette modérée agitation le met   * fatigué
220 en haleine. Je me tiens à cheval sans démonter,
tout coliqueux* que je suis, et sans m'y   * malade de la
ennuyer*, huit et dix heures,   gravelle
                                                 * sans en souffrir

          Vires ultra sortemque senectae[2].

Nulle saison m'est ennemie, que le chaud âpre
225 d'un soleil poignant*, car les ombrelles, de quoi   * qui brûle
depuis les anciens Romains l'Italie se sert,
chargent plus les bras qu'ils ne déchargent* la   * soulagent
tête. **III** Je voudrais savoir quelle industrie*   * habileté
c'était aux Perses si anciennement et en la nais-
230 sance de la luxure*, de se faire du vent frais et   * du luxe
des ombrages à leur poste*, comme dit Xéno-   * à leur guise
phon[3]. **II** J'aime les pluies et les crottes comme
les canes. La mutation d'air et de climat ne me
touche point; tout ciel m'est un[4]. Je ne suis
235 battu* que des altérations internes que je pro-   * affecté
duis en moi, et celles-là m'arrivent moins en
voyageant.
          Je suis mal aisé à ébranler; mais, étant avoyé*,   * mis en route

---

1. « Tant le crime a de formes » (Virgile, *Géorgiques*, I, 506); 2. « Plus qu'il ne sied à l'état de vieillard » (Virgile, *l'Énéide*, VII, 114); 3. Dans *la Cyropédie*, VIII, 8; 4. Tout climat m'est indifférent.

je vais tant qu'on veut. J'étrive* autant aux * * je résiste
240 petites entreprises qu'aux grandes, et à m'équi-
per pour faire une journée et visiter un voisin
que pour un juste* voyage. J'ai appris à faire * * complet
mes journées* à l'espagnole, d'une traite : * * mes étapes
grandes et raisonnables journées; et aux extrêmes
245 chaleurs, les passe de nuit, du soleil couchant
jusques au levant. L'autre façon de repaître* en * * prendre son re-
    pas
chemin en tumulte et hâte pour la dînée*, notam- * * le dîner (à onze
    heures)
ment aux jours courts, est incommode. Mes
chevaux en valent mieux. Jamais cheval ne m'a
250 failli, qui a su faire avec moi la première journée. Je les abreuve partout, et regarde seulement
qu'ils aient assez de chemin de reste pour battre
leur eau*. La paresse à me lever donne loisir à * * cuver leur eau
ceux qui me suivent de dîner à leur aise avant
255 partir. Pour moi je ne mange jamais trop tard :
l'appétit me vient en mangeant, et point autrement; je n'ai point faim qu'à table. **(26)**

[MICHEL DE MONTAIGNE ET MADAME DE MONTAIGNE]

    Aucuns se plaignent de quoi je me suis agréé* * * je me suis plu
à continuer cet exercice, marié et vieil. Ils ont
260 tort. Il est mieux temps d'abandonner sa famille
quand on l'a mise en train de continuer sans
nous, quand on y a laissé de l'ordre qui ne
démente* point sa forme passée. C'est bien plus * * qui ne contre-
    dise pas
d'imprudence de s'éloigner, laissant en sa mai-
265 son une garde moins fidèle et qui ait moins de
soin de pourvoir à votre besoin.

QUESTIONS
---

26. Quelle est l'influence des guerres de Religion sur le désir qu'a
Montaigne de voyager? — Que recherche Montaigne dans le voyage?
Distinguez : *a)* un désir de mouvement qui lui est naturel; *b)* un souci
de pédagogie pour l'esprit. — Son tempérament est-il celui d'un voya-
geur? — Comparez cette conception du voyage avec celle de Rousseau.
« La marche a quelque chose qui anime et avive mes idées : je ne puis
presque penser quand je reste en place; il faut que mon corps soit en
branle pour y mettre mon esprit. La vue de la campagne, la succession
des aspects agréables, le grand air, le grand appétit, la bonne santé que
je gagne en marchant [...], tout cela dégage mon âme, me donne une
plus grande audace de penser » (*Confessions*, livre IV).

La plus utile et honorable science et occupation à une femme, c'est la science du ménage. J'en vois quelqu'une avare*, de ménagère fort
270 peu. C'est sa maîtresse qualité, et qu'on doit chercher avant toute autre, comme le seul doire* qui sert à ruiner ou sauver nos maisons. ¶¶¶ Qu'on ne m'en parle pas; selon que l'expérience m'en a appris, je requiers d'une femme mariée, au-
275 dessus de toute autre vertu, la vertu économique*.
¶¶ Je l'en mets au propre[1], lui laissant par mon absence tout le gouvernement en main. Je vois avec dépit en plusieurs ménages monsieur revenir maussade et tout marmiteux* du tracas des
280 affaires, environ midi, que madame est encore après à* se coiffer et attifer en son cabinet. C'est à faire aux reines; encore ne sais-je. Il est ridicule et injuste que l'oisiveté de nos femmes soit entretenue de notre sueur et travail. [...]

285 ¶¶ Quant aux devoirs de l'amitié maritale qu'on pense être intéressés* par cette absence, je ne le crois pas. Au rebours, c'est une intelligence* qui se refroidit volontiers par une trop continuelle assistance*, et que l'assiduité blesse. [...] **(27)**

* j'en vois d'avares

* dot

* de bien gouverner sa maison

* sale

* occupée à

* lésés
* commerce

* présence

[COMMENT SE COMPORTER EN VOYAGE]

290 ¶¶ Pour achever de dire mes faibles humeurs, j'avoue qu'en voyageant je n'arrive guère en logis où il ne me passe par la fantaisie si je pourrai être et malade et mourant à mon aise. Je veux être logé en lieu qui me soit bien parti-
295 culier*, sans bruit, non sale ou fumeux ou étouffé. Je cherche à flatter la mort par ces fri-

* approprié

---

1. Je mets ma femme à même de montrer ses qualités domestiques.

QUESTIONS

---

27. Que faut-il penser de la défense de Montaigne? Montre-t-il dans les *Essais* un grand souci de sa famille? — Comment envisage-t-il le rôle de la femme dans la société?

voles circonstances ou, pour mieux dire, à me
décharger de tout autre empêchement, afin que
je n'aie qu'à m'attendre* à elle, qui me pèsera
300 volontiers* assez sans autre recharge. [...]

   ‖ En cette commodité de logis que je cherche,
je n'y mêle pas la pompe* et l'amplitude** : je
la hais plutôt; mais certaine propriété* simple,
qui se rencontre plus souvent aux lieux où il y
305 a moins d'art, et que nature honore de quelque
grâce toute sienne. « *Non ampliter sed munditer
convivium*[1]. » « *Plus salis quam sumptus*[2]. »

   Et puis, c'est à faire à ceux que les affaires
entraînent en plein hiver par les Grisons[3], d'être
310 surpris en chemin en cette extrémité. Moi,
qui le plus souvent voyage pour mon plaisir, ne me
guide pas si mal. S'il fait laid à droite, je prends
à gauche; si je me trouve mal propre* à monter
à cheval, je m'arrête. En faisant ainsi, je ne vois
315 à la vérité rien qui ne soit aussi plaisant et commode que ma maison. Il est vrai que je trouve
la superfluité toujours superflue, et remarque de
l'empêchement* en la délicatesse** même et
en l'abondance. Ai-je laissé quelque chose à
320 voir derrière moi? J'y retourne; c'est toujours
mon chemin. Je ne trace aucune ligne certaine*,
ni droite ni courbe. Ne trouvé-je point, où je
vais, ce qu'on m'avait dit? Comme il advient
souvent que les jugements d'autrui ne s'accordent
325 pas aux miens, et les ai trouvés plus souvent
faux, je ne plains pas ma peine; j'ai appris que
ce qu'on disait n'y est point.

   J'ai la complexion du corps libre* et le goût
commun* autant qu'homme du monde. La diver-
330 sité des façons d'une nation à autre ne me touche
que par le plaisir de la variété. Chaque usage a
sa raison. Soient des assiettes d'étain, de bois, de
terre, bouilli ou rôti, beurre ou huile de noix

Marginal glosses:
* donner mon attention
* probablement
* le luxe ** la grandeur
* propreté
* disposé
* gêne ** recherche
* déterminée
* qui se plie à tout
* les goûts de tout le monde

---

1. « Une table qui ne soit pas somptueuse, mais propre » (cité par Nonius, XI,
XIX); 2. « Plus d'esprit que de luxe » (Cornelius Nepos, *Vie d'Atticus*, XIII);
3. Les Grisons constituent, dans l'est de la Suisse, une région montagneuse très
élevée; ses hautes vallées, au climat rude, ont de tous temps constitué un passage
entre l'Autriche et l'Italie.

ou d'olive, chaud ou froid, tout m'est un*, et si
335 un que, vieillissant, j'accuse cette généreuse
faculté, et aurais besoin que la délicatesse et le
choix arrêtât l'indiscrétion* de mon appétit et
parfois soulageât mon estomac. **III** Quand j'ai
été ailleurs qu'en France et que, pour me faire
340 courtoisie*, on m'a demandé si je voulais être
servi à la française, je m'en suis moqué et me
suis toujours jeté aux tables les plus épaisses*
d'étrangers.

II J'ai honte de voir nos hommes enivrés de
345 cette sotte humeur, de s'effaroucher des formes
contraires aux leurs : il leur semble être hors de
leur élément quand ils sont hors de leur village.
Où qu'ils aillent, ils se tiennent à leurs façons et
abominent* les étrangères. Retrouvent-ils un
350 compatriote en Hongrie, ils festoient cette
aventure : les voilà à se rallier et à se recoudre
ensemble, à condamner tant de mœurs barbares
qu'ils voient. Pourquoi non barbares, puisqu'elles ne sont françaises? Encore sont-ce les
355 plus habiles* qui les ont reconnues, pour en
médire. La plupart ne prennent l'aller que pour
le venir. Ils voyagent couverts et resserrés*
d'une prudence taciturne et incommunicable, se
défendant de la contagion d'un air inconnu.
360 Ce que je dis de ceux-là me ramentait*, en
chose semblable, ce que j'ai parfois aperçu en
aucuns* de nos jeunes courtisans. Ils ne tiennent
qu'aux hommes de leur sorte, nous regardent
comme gens de l'autre monde, avec dédain ou
365 pitié. Ôtez-leur les entretiens des mystères de
la cour, ils sont hors de leur gibier, aussi neufs
pour nous et malhabiles comme nous sommes à
eux. On dit bien vrai qu'un honnête homme,
c'est un homme mêlé.
370 Au rebours, je pérégrine très saoul* de nos
façons, non pour chercher des Gascons en
Sicile (j'en ai assez laissé au logis); je cherche
des Grecs plutôt, et des Persans : j'accointe*
ceux-là, je les considère; c'est là où je me prête
375 et où je m'emploie. Et qui plus est, il me semble

* tout m'est égal

* le manque de
mesure

* politesse

* fournies

* détestent

* les plus intelli-
gents

* enfermés dans

* rappelait

* quelques-uns

* fatigué

* j'aborde

que je n'ai rencontré guère de manières qui ne vaillent les nôtres. Je couche de peu*, car à peine ai-je perdu mes girouettes de vue[1]. **(28)**

* je m'avance peu

380   Au demeurant, la plupart des compagnies fortuites que vous rencontrez en chemin ont plus d'incommodité que de plaisir : je ne m'y attache point, moins asture* que la vieillesse me particularise et séquestre* aucunement** des formes* communes. Vous souffrez pour
385 autrui, ou autrui pour vous; l'un et l'autre inconvénient est pesant, mais le dernier me semble encore plus rude. C'est une rare fortune, mais de soulagement inestimable, d'avoir un honnête homme, d'entendement ferme et de
390 mœurs conformes aux vôtres, qui aime à vous suivre. J'en ai eu faute extrême en tous mes voyages. Mais une telle compagnie, il la faut avoir choisie et acquise dès le logis. Nul plaisir n'a goût pour moi sans communication. Il ne
395 me vient pas seulement une gaillarde* pensée en l'âme qu'il ne me fâche de l'avoir produite seul, et n'ayant à qui l'offrir. **III** « *Si cum hac exceptione detur sapientia ut illam inclusam teneam nec enuntiem, rejiciam[2].* » L'autre l'avait monté
400 d'un ton au-dessus. « *Si contigerit ea vita sapienti*

* à cette heure
* me sépare
** quelque peu
* manières d'agir

* joyeuse

---

1. Un voyage à Rome, pour quelqu'un qui aimerait voyager loin, c'est perdre à peine de vue ses girouettes; 2. « Si l'on me donnait la sagesse à la condition de la tenir enfermée et de ne pas la publier, je la refuserais » (Sénèque, *Lettres à Lucilius*, VI).

——— QUESTIONS ———

28. Quels sont les goûts de Montaigne en voyage? Comment choisit-il son logis? Rapprochez les goûts de Montaigne de ceux de Rousseau. — Quel est le plaisir goûté par Montaigne lorsqu'il voyage à l'étranger? — A quoi s'intéresse-t-il en voyageant? Précisez le profit intellectuel qu'il tire du voyage. — Appréciez la satire des mœurs de ses compatriotes. Montrez que c'est l'auteur de « l'Art de conférer » que nous retrouvons dans les lignes 360-378.

ut, omnium rerum affluentibus copiis, quamvis
omnia quae cognitione digna sunt summo otio
secum ipse consideret et contempletur, tamen, si
solitudo tanta sit ut hominem videre non possit,
405 *excedat e vita¹.* » **❙❙** L'opinion d'Architas m'agrée,
qu'il ferait déplaisant au ciel même et à se promener dans ces grands et divins corps célestes
sans l'assistance d'un compagnon².

Mais il vaut mieux encore être seul qu'en
410 compagnie ennuyeuse et inapte*. Aristippe
s'aimait à vivre étranger partout.

       * qui ne convient
       pas

> *Me si fata meis paterentur ducere vitam*
> *Auspiciis³,*

je choisirais à la passer le cul sur la selle :

415
> *visere gestiens,*
> *Qua parte debacchentur ignes,*
> *Qua nebulae pluviique rores⁴.*

    [...] **❙❙** Je sais bien qu'à le prendre à la lettre,
ce plaisir de voyager porte témoignage d'in-
420 quiétude et d'irrésolution*. Aussi sont-ce nos
maîtresses qualités, et prédominantes. Oui, je le
confesse, je ne vois rien, seulement en songe, et
par souhait, où je me puisse tenir; la seule variété
me paye* et la possession de la diversité, au
425 moins si aucune chose me paye. A voyager, cela
même me nourrit que je me puis arrêter sans
intérêts*, et que j'ai où m'en divertir** commodément. [...] **(29)**

       * d'agitation et
       d'inconstance

       * me satisfait

       * sans dommages
       ** me détourner
       du voyage

---

    1. « Si un sage menait une vie telle que, dans l'abondance de tous les biens, en
plein loisir pour contempler et étudier tout ce qui est connu, il fût cependant condamné
à une solitude où il ne verrait personne, il quitterait la vie » (Cicéron, *Des devoirs*,
I, XLIII); 2. Détail tiré de Cicéron, *De amicitia*, 23; 3. « Pour moi, si les destins
m'offraient vie à mon gré » (Virgile, *l'Enéide*, IV, 340); 4. « Tout content de m'en
aller voir tel pays au climat de feu, tel autre de nue et de pluie » (Horace, *Odes*,
III, III, 54).

QUESTIONS

    29. Appréciez l'analyse que fait Montaigne de la compagnie. Quel
est le trait de son caractère qui se révèle ici? — Montaigne à la recherche
d'une véritable compagnie : existe-t-il un désir analogue chez Jean-
Jacques Rousseau? — Montaigne revient dans les dernières lignes à un
thème fréquent dans les *Essais* : l'agitation et l'inconstance de l'homme.
Faut-il, selon lui, les combattre?

« J'accuse
merveilleusement
cette vicieuse
forme d'opiner :
« Il est de la
« Ligue, car il
« admire la grâce
« de Monsieur
« de Guise. »
(Chap. X,
lignes 184-186.)

Illustration de
Gustave Doré
pour les Essais.

Phot. Larousse.

CHAPITRE X

DE MÉNAGER SA VOLONTÉ

[LA MAIRIE DE MONTAIGNE]

[...] **II** Messieurs de Bordeaux[1] m'élurent
maire de leur ville, étant éloigné de France[2], et
encore plus éloigné d'un tel pensement*. Je m'en   * pensée
excusai, mais on m'apprit que j'avais tort, le
5 commandement du Roi aussi s'y interposant.
C'est une charge qui en doit sembler d'autant
plus belle, qu'elle n'a ni loyer* ni gain autre   * rémunération
que l'honneur de son exécution. Elle dure deux
ans; mais elle peut être continuée par seconde
10 élection, ce qui advient très rarement. Elle le fut
à moi; et ne l'avait été que deux fois auparavant :
quelques années y avait* à M. de Lanssac; et   * auparavant
fraîchement à M. de Biron[3], maréchal de France,
en la place duquel je succédai; et laissai la mienne
15 à M. de Matignon[4], aussi maréchal de France,
brave de si noble assistance,

III *uterque bonus pacis bellique minister*[5] *!*

II La fortune voulut part à ma promotion,
par cette particulière circonstance qu'elle y mit
20 du sien. Non vaine du tout; car Alexandre
dédaigna les ambassadeurs corinthiens qui lui
offraient la bourgeoisie* de leur ville; mais   * droit de cité
quand ils vinrent à lui déduire comment Bacchus
et Hercule étaient aussi en ce registre, il les en
25 remercia gracieusement.

A mon arrivée, je me déchiffrai* fidèlement et   * je m'exposai
consciencieusement, tout tel que je me sens
être : sans mémoire, sans vigilance, sans expérience, et sans vigueur; sans haine aussi, sans
30 ambition, sans avarice*, et sans violence; à ce   * cupidité

---

1. Les jurats de Bordeaux; 2. Montaigne apprit son élection le 7 septembre 1581,
aux bains de Lucques; 3. Armand de Gontaut, maréchal de France en 1576; 4. Le
maréchal de Matignon fut gouverneur de la Guyenne; 5. « L'un et l'autre bons
administrateurs et braves guerriers » (Virgile, *l'Enéide*, XI, 658).

qu'ils* fussent informés et instruits de ce qu'ils
avaient à attendre de mon service. Et parce que
la connaissance de feu mon père les avait seule
incités à cela, et l'honneur de sa mémoire, je
35 leur ajoutai bien clairement que je serais très
marri* que chose quelconque fît autant d'impression en ma volonté comme avaient fait autrefois
en la sienne leurs affaires et leur ville, pendant
qu'il l'avait en gouvernement, en ce même lieu*
40 auquel ils m'avaient appelé. Il me souvenait de
l'avoir vu vieil en mon enfance, l'âme cruelle-
ment agitée de cette tracasserie publique, oubliant
le doux air de sa maison, où la faiblesse des ans
l'avait attaché longtemps avant, et son ménage
45 et sa santé, et, en méprisant certes sa vie qu'il
y cuida* perdre, engagé pour eux à des longs et
pénibles voyages. Il était tel ; et lui partait cette
humeur* d'une grande bonté de nature : il ne
fut jamais âme plus charitable et populaire*.
50 Ce train, que je loue en autrui, je n'aime point
à le suivre, et ne suis pas sans excuse. Il avait
ouï dire qu'il se fallait oublier pour le prochain,
que le particulier ne venait en aucune considération au prix* du général. [...] **(30)**

[COMMENT IL FAUT SE DONNER A AUTRUI]

55 **II** La principale charge que nous ayons, c'est
à chacun sa conduite ; **III** et est ce pourquoi
nous sommes ici. **II** Comme qui oublierait de
bien et saintement vivre, et penserait être quitte
de son devoir en y acheminant et dressant les
60 autres, ce serait un sot ; tout de même, qui abandonne en son propre* le sainement et gaiement
vivre pour en servir autrui, prend à mon gré
un mauvais et dénaturé parti.

Je ne veux pas qu'on refuse aux charges qu'on

Margin notes:

* afin qu'ils

* désolé

* la mairie

* faillit

* cette humeur
lui venait
* aimant l'intérêt
commun

* en comparaison

* en son particu-
lier

─────── **QUESTIONS** ───────

30. Le portrait que Montaigne fait de lui aux jurats est-il conforme à
celui de l'essai II, XVII, « De la présomption » ? — Comment Montaigne,
dans les premières lignes, parle-t-il de sa mairie ? Comment vous repré-
sentez-vous le père de Montaigne ?

65 prend l'attention, les pas, les paroles, et la sueur
et le sang au besoin :

> *non ipse pro charis amicis*
> *Aut patria timidus perire*[1].

Mais c'est par emprunt et accidentellement,
70 l'esprit se tenant toujours en repos et en santé,
non pas sans action, mais sans vexation*, sans   * agitation
passion. L'agir simplement lui coûte si peu,
qu'en dormant même il agit. Mais il lui faut
donner le branle avec discrétion*, car le corps   * mesure
75 reçoit les charges qu'on lui met sus*, justement**   * qu'on lui im-
selon qu'elles sont; l'esprit les étend et les appe-   pose ** préci-
santit souvent à ses dépens, leur donnant la   sément
mesure que bon lui semble. On fait pareilles
choses avec divers efforts et différente conten-
80 tion* de volonté. L'un va bien sans l'autre**. Car   * effort ** l'ac-
combien de gens se hasardent tous les jours aux   tion va bien
guerres, de quoi il ne leur chaut*, et se pressent   sans passion
aux dangers des batailles, desquelles la perte   * qui ne leur
ne leur troublera pas le voisin sommeil*? Tel en   importent pas
85 sa maison, hors de ce danger, qu'il n'oserait   * le sommeil de
avoir regardé, est plus passionné de l'issue de   la nuit suivante
cette guerre et en a l'âme plus travaillée que
n'a le soldat qui y emploie son sang et sa vie.
J'ai pu me mêler* des charges publiques sans   * m'occuper
90 me départir de moi de la largeur* d'une ongle,   * épaisseur
III et me donner à autrui sans m'ôter à moi.

  II Cette âpreté et violence de désir empêche,
plus qu'elle ne sert, à la conduite de ce qu'on
entreprend, nous remplit d'impatience envers les
95 événements ou contraires ou tardifs, et d'ai-
greur et de soupçon envers ceux avec qui nous
négocions. Nous ne conduisons jamais bien la
chose de laquelle nous sommes possédés et
conduits :

100   **III** *male cuncta ministrat*
                     Impetus[2].

  II Celui qui n'y emploie que son jugement et
son adresse, il y procède plus gaiement : il feint,

----

1. « Prêt moi-même à donner ma vie pour mes amis et ma patrie » (Horace, *Odes*,
IV, IX, 51); 2. « La passion fait tout mal » (Stace, *la Thébaïde*, X, 704).

il ploie, il diffère tout à son aise, selon le besoin
105 des occasions; il faut d'atteinte*, sans tourment   * il manque le but
et sans affliction, prêt et entier pour une nou-
velle entreprise; il marche toujours la bride à la
main. En celui qui est enivré de cette intention
violente et tyrannique*, on voit par nécessité   * qui le tyran-
110 beaucoup d'imprudence et d'injustice; l'impé-   nise
tuosité de son désir l'emporte; ce sont
mouvements téméraires*, et, si fortune n'y prête beau-   * inconsidérés
coup, de peu de fruit. [...] (31)

[L'ÊTRE ET LE PARAÎTRE]

II La plupart de nos vacations* sont far-   * occupations
115 cesques*. « Mundus universus exercet histrio-   * tiennent de la
niam[1]. » Il faut jouer dûment* notre rôle, mais   comédie
comme rôle d'un personnage emprunté. Du   * comme nous le
                                                          devons
masque et de l'apparence il n'en faut pas faire une
essence réelle, ni de l'étranger le propre*. Nous   * ce qui vient de
120 ne savons pas distinguer la peau de la chemise.   nous
III C'est assez de s'enfariner le visage, sans s'enfariner la poitrine[2]. II J'en vois qui se transforment et se transsubstancient en autant de
nouvelles figures et de nouveaux êtres qu'ils
125 entreprennent de charges, et qui se prélatent*   * se tiennent
jusques au foie et aux intestins, et entraînent   pour prélats
leur office jusques en leur garde-robe**. Je ne   * charge ** lieux
puis leur apprendre à distinguer les bonnetades*   d'aisances
qui les regardent de celles qui regardent leur   * coups de bon-
                                                          net, saluts
130 commission* ou leur suite, ou leur mule. « Tan-   * charge
tum se fortunae permittunt, etiam ut naturam
dediscant[3]. » Ils enflent et grossissent leur âme

---

1. « Le monde entier joue la comédie » (Pétrone); 2. C'est-à-dire le cœur, les
sentiments; 3. « Ils s'abandonnent à leur fortune au point d'oublier leur nature »
(Quinte-Curce, III, II, 18).

─────── QUESTIONS ───────

31. Pourquoi Montaigne affirme-t-il qu'il faut avant tout être à soi? —
Précisez comment ce principe : a) est conforme à la philosophie de Mon-
taigne; b) s'explique aussi par son caractère (esprit facilement inquiet.
Voir l'essai III, IX, [« De la vanité » : Montaigne et son ménage]). —
Ce que nous savons de la mairie de Montaigne nous permet-il de dire
qu'elle a répondu aux principes de cet essai?

et leur discours naturel à la hauteur de leur
siège magistral. Le maire et Montaigne ont
135 toujours été deux, d'une séparation bien claire.
Pour être* avocat ou financier, il n'en faut pas   * parce qu'on est
méconnaître la fourbe qu'il y a en telles vaca-
tions*. Un honnête homme n'est pas comptable   * occupations
du vice ou sottise de son métier, et ne doit
140 pourtant* en refuser l'exercice; c'est l'usage de   * pour cette raison pays, et il y a du profit. Il faut vivre du   son
monde et s'en prévaloir tel qu'on le trouve.
Mais le jugement d'un empereur doit être au-
dessus de son empire*, et le voir et considérer   * pouvoir
145 comme accident[1] étranger; et lui, doit savoir
jouir de soi à part et se communiquer* comme   * se livrer en
Jacques et Pierre[2], au moins à soi-même. **(32)**   toute confiance

[CONTRE LE FANATISME]

Je ne sais pas m'engager si profondément et
si entier. Quand ma volonté me donne à un
150 parti, ce n'est pas d'une si violente obligation
que mon entendement s'en infecte. Aux pré-
sents brouillis* de cet état, mon intérêt ne m'a   * troubles
fait méconnaître ni les qualités louables en nos
adversaires, ni celles qui sont reprochables en
155 ceux que j'ai suivis. **III** Ils* adorent tout ce qui   * On
est de leur côté; moi je n'excuse pas seulement*   * même
la plupart des choses que je vois du mien. Un
bon ouvrage ne perd pas ses grâces pour plaider*   * parce qu'il
contre ma cause. **II** Hors le nœud du débat[3],   plaide

---

1. Au sens philosophique, *accident* est opposé à *substance;* 2. C'est-à-dire
comme un simple particulier. *Jacques* et *Pierre* sont des prénoms courants, surtout
chez les paysans; 3. La question religieuse.

--- **QUESTIONS** ---

32. En quoi cette description de l'homme extérieur et de l'homme
intérieur est-elle déjà classique? Montaigne ne fait-il pas déjà la critique
du divertissement chez le grand personnage? — Comment rend-il sensible cette idée? Étudiez : *a)* la métaphore de la farce; *b)* la vigueur du
vocabulaire; *c)* la structure antithétique des phrases. Précisez le sens de
la dernière phrase.

160 je me suis maintenu en équanimité* et pure indif-
férence. III « *Neque extra necessitates belli praeci-
puum odium gero*[1]. » II De quoi je me gratifie*,
d'autant que je vois communément faillir au
contraire. III « *Utatur motu animi qui uti ratione*
165 *non potest*[2]. » II Ceux qui allongent leur colère
et leur haine au-delà des affaires[3], comme fait
la plupart, montrent qu'elle leur part d'ailleurs,
et de cause particulière : tout ainsi comme à
qui, étant guéri de son ulcère, la fièvre demeure
170 encore, montre qu'elle avait un autre principe
plus caché. III C'est qu'ils n'en ont point* à
la cause en commun*, et en tant qu'elle blesse
l'intérêt de tous et de l'État; mais lui en veulent
seulement ce qu'elle leur mâche* en privé**.
175 Voilà pourquoi ils s'en piquent de passion particulière et au-delà de la justice et de la raison
publique. « *Non tam omnia universi quam ea*
quae ad quemque pertinent singuli carpebant[4]. »

II Je veux que l'avantage soit pour nous, mais
180 je ne forcène point* s'il ne l'est. III Je me prends
fermement au plus sain des partis, mais je n'af-
fecte pas* qu'on me remarque spécialement
ennemi des autres, et outre la raison générale[5].
J'accuse merveilleusement* cette vicieuse forme
185 d'opiner : « Il est de la Ligue, car il admire la
grâce de Monsieur de Guise. » « L'activité du
roi de Navarre l'étonne* : il est huguenot. »
« Il trouve ceci à dire* aux mœurs du roi : il est
séditieux en son cœur. » Et ne concédai pas au
190 magistrat même qu'il eût raison de condamner
un livre pour avoir logé* entre les meilleurs
poètes de ce siècle un hérétique[6]. N'oserions-nous

* égalité
d'humeur

* je me sais gré

* ils ne s'en
prennent pas
* en général

* les meurtrit
** en particulier

* je ne suis pas
furieux

* je ne recherche
pas

* étrangement

* l'ébranle

* à reprocher

* parce que
j'avais placé

---

1. « Et hors les nécessités de la guerre, je ne nourris pas de haine capitale »; 2. « Que celui-là ait recours à la passion qui ne peut avoir recours à la raison » (Cicéron, *Tusculanes*, IV, 25); 3. Au-delà de ce qui fait le nœud du débat; 4. « Ce n'était pas à dire que tous y blâmaient tout; mais chacun s'en prenait à chaque point qui le concernait » (Tite-Live, XXXIV, 36); 5. Plus que ne le comporte la raison générale; 6. Il s'agit de Théodore de Bèze. Montaigne n'effaça pas le nom de Bèze de son livre, bien qu'on lui eût reproché à Rome d'avoir mentionné cet hérétique. Voir dans la Documentation thématique du t. II : « Montaigne et l'Église, 1. 3. ».

dire d'un voleur qu'il a belle grève*? [...]   * jambe
Aux siècles plus sages, révoqua-t-on le superbe
195 titre de Capitolinus, qu'on avait auparavant
donné à Marcus Manlius[1] comme conservateur
de la religion et liberté publique? Étouffa-t-on
la mémoire de sa libéralité et de ses faits d'armes
et récompenses militaires octroyées à sa vertu,
200 parce qu'il affecta* depuis la royauté, au pré-   * recherca
judice des lois de son pays? S'ils ont pris en
haine un avocat, le lendemain il leur devient
inéloquent. J'ai touché ailleurs[2] le zèle qui poussa
des gens de bien à semblables fautes. Pour moi,
205 je sais bien dire : « Il fait méchamment cela, et
vertueusement ceci. » **(33) (34)**

CHAPITRE XI

DES BOITEUX

[S'INFORMER DU FAIT]

[...] **II** Je rêvassais présentement, comme je fais
souvent, sur ce, combien l'humaine raison est
un instrument libre et vague. Je vois ordinairement que les hommes, aux faits qu'on leur pro-
5 pose, s'amusent* plus volontiers à en chercher   * s'occupent
la raison qu'à en chercher la vérité : ils laissent-là
les choses, et s'amusent à traiter les causes.

---

1. *Marcus Manlius :* consul en 392 av. J.-C., il aurait sauvé le Capitole de l'assaut
des Gaulois. Accusé d'aspirer à la tyrannie en s'appuyant sur la plèbe, il fut condamné
à mort (384 av. J.-C.); 2. Au chapitre XIX du livre II : « De la liberté de conscience ».

--- **QUESTIONS** ---

33. Quelle explication psychologique Montaigne donne-t-il du fanatisme? Appréciez la valeur de cette position pendant les guerres civiles :
Montaigne a-t-il réellement opté pour un parti? Comment illustre-t-il
l'intolérance de ses contemporains?

34. SUR L'ENSEMBLE DE L'EXTRAIT DU CHAPITRE X. — Comment se conci-
lient chez Montaigne l'exigence de lucidité et l' « engagement politique »?

III Plaisants causeurs. La connaissance des causes
appartient seulement à celui qui a la conduite
10 des choses, non à nous qui n'en avons que la
souffrance, et qui en avons l'usage parfaitement
plein, selon notre nature, sans en pénétrer l'origine et l'essence. Ni le vin n'en est plus plaisant
à celui qui en sait les facultés premières. Au
15 contraire; et le corps et l'âme interrompent et
altèrent le droit qu'ils ont de l'usage du monde,
y mêlant l'opinion* de science. Le déterminer   * la prétention
et le savoir, comme le donner, appartient à la
régence et à la maîtrise; à l'infériorité, sujétion
20 et apprentissage appartient le jouir, l'accepter.
Revenons à notre coutume. **II** Ils passent par-
dessus les effets*, mais ils en examinent curieu-   * les faits
sement* les conséquences. Ils commencent ordi-   * avec soin
nairement ainsi : « Comment est-ce que cela se
25 fait? » — Mais se fait-il? faudrait-il dire. Notre
discours est capable d'étoffer* cent autres mondes   * bâtir
et d'en trouver les principes et la contexture.
Il ne lui faut ni matière ni base; laissez le courre* :   * courir
il bâtit aussi bien sur le vide que sur le plein,
30 et de l'inanité que de matière,

dare pondus idonea fumo[1].

Je trouve quasi partout qu'il faudrait dire :
« Il n'en est rien »; et emploierais souvent cette
réponse; mais je n'ose, car ils crient que c'est une
35 défaite produite de faiblesse d'esprit et d'ignorance. Et me faut ordinairement bateler* par   * faire le bate-
compagnie à traiter des sujets et contes frivoles,   leur
que je mécrois* entièrement. Joint qu'à la vérité   * auxquels je ne
il est un peu rude et querelleux de nier tout   donne aucune
40 sec une proposition de fait. Et peu de gens   croyance
faillent, notamment aux choses malaisées à persuader, d'affirmer qu'ils l'ont vu, ou d'alléguer
des témoins desquels l'autorité arrête notre

_____

1. « Capable de donner du poids à la fumée » (Perse, v, 20).

contradiction. Suivant cet usage, nous savons
45 les fondements et les causes de mille choses qui
ne furent onques; et s'escarmouche le monde*   * et le monde
en mille questions, desquelles et le pour et le   bataille
contre est faux, **III** « *Ita finitima sunt falsa veris,
ut in praecipitem locum non debeat se sapiens*
50 *committere*[1]. »

II La vérité et le mensonge ont leurs visages
conformes, le port, le goût et les allures pareilles;
nous les regardons de même œil. Je trouve que
nous ne sommes pas seulement lâches à nous
55 défendre de la piperie*, mais que nous cherchons   * tromperie
et convions à nous y enferrer. Nous aimons à
nous embrouiller en la vanité, comme conforme
à notre être. (35)

[HISTOIRE D'UNE ERREUR]

J'ai vu la naissance de plusieurs miracles de
60 mon temps[2]. Encore qu'ils s'étouffent en nais-
sant, nous ne laissons pas de prévoir le train
qu'ils eussent pris s'ils eussent vécu leur âge*.   * vie
Car il n'est que de trouver le bout du fil, on en
dévide tant qu'on veut. Et y a plus loin de rien
65 à la plus petite chose du monde, qu'il n'y a de
celle-là jusques à la plus grande. Or les premiers
qui sont abreuvés de ce commencement d'étran-
geté, venant à semer leur histoire, sentent par les
oppositions qu'on leur fait où loge la difficulté
70 de la persuasion, et vont calfeutrant cet endroit

---

1. « Le faux est si voisin du vrai que le sage ne doit pas se risquer en lieu si dangereux » (Cicéron, *Académiques*, II, 21); 2. On assiste en effet pendant les guerres
de Religion à une grande recrudescence de prodiges et de sorcelleries.

───── **QUESTIONS** ─────

35. Pourquoi Montaigne critique-t-il les ambitions de la science? Sa
prudence intellectuelle s'oppose-t-elle à la science? — Montrez que la
critique de la crédulité humaine revient à dénoncer le pouvoir de l'imagination. — Voyez-vous pourquoi les philosophes du XVIIIᵉ siècle ont trouvé
dans l'auteur de ces pages un devancier? Rapprochez ce texte de certains
passages très connus de l'*Histoire des oracles* de Fontenelle.

de quelque pièce fausse. III Outre ce, que, « *insita hominibus libidine alendi de industria rumores[1]* », nous faisons naturellement conscience de* rendre ce qu'on nous a prêté sans quelque usure et
75 accession* de notre cru. L'erreur particulière fait premièrement l'erreur publique, et, à son tour, après, l'erreur publique fait l'erreur particulière. II Ainsi va tout ce bâtiment*, s'étoffant et formant de main en main; de manière que le
80 plus éloigné témoin en est mieux instruit que le plus voisin, et le dernier III informé mieux persuadé II que le premier. C'est un progrès naturel. Car quiconque croit quelque chose, estime que c'est ouvrage de charité de la persuader à un
85 autre; et pour ce faire, ne craint point d'ajouter de son invention, autant qu'il voit être nécessaire en son conte, pour suppléer à la résistance et au défaut qu'il pense être en la conception d'autrui.

Moi-même, qui fais singulière conscience de
90 mentir et qui ne me soucie guère de donner créance et autorité à ce que je dis, m'aperçois toutefois, aux propos que j'ai en main, qu'étant échauffé III ou par la résistance d'un autre, ou par la propre* chaleur de la narration, II je gros-
95 sis et enfle mon sujet par voix, mouvements, vigueur et force de paroles, et encore par extension et amplification, non sans intérêt* de la vérité naïve. Mais je le fais en condition pourtant, qu'au premier qui me ramène et qui me
100 demande la vérité nue et crue, je quitte soudain mon effort et la lui donne, sans exagération, sans emphase et remplissage. III La parole vive et bruyante, comme est la mienne ordinaire, s'emporte volontiers à l'hyperbole.

105 II Il n'est rien à quoi communément les hommes soient plus tendus qu'à donner voie à leurs opinions; où* le moyen ordinaire nous faut*, nous y ajoutons le commandement, la

* nous nous croyons obligés en conscience de ne pas...
* augmentation

* cet assemblage

* ma propre

* dommage

* lorsque
* manque

---

1. « Par la passion naturelle aux hommes d'enfler artificiellement les bruits » (Tite-Live, XXVIII. 24).

force, le fer, et le feu. Il y a du malheur d'en
110 être là que la meilleure touche* de la vérité ce
soit la multitude des croyants, en une presse
où les fols surpassent de tant les sages en nombre.
III « *Quasi vero quidquam sit tam valde, quam nil
sapere vulgare*[1]. » « *Sanitatis patrocinium est,*
115 *insanientium turba*[2]. » II C'est chose difficile de
résoudre* son jugement contre les opinions
communes. La première persuasion, prise du
sujet même, saisit les simples; de là elle s'épand
aux habiles*, sous l'autorité du nombre et ancien-
120 neté des témoignages. Pour moi, de ce que je
n'en croirais pas un, je n'en croirais pas cent uns,
et ne juge pas les opinions par les ans*. [...] **(36)**

* pierre de
touche

* décider

* aux gens de ju-
gement

* par leur ancien-
neté

[CONTRE LE DOGMATISME]

II Il s'engendre beaucoup d'abus au monde
III ou, pour le dire plus hardiment, tous les
125 abus du monde s'engendrent II de ce qu'on nous
apprend à craindre de faire profession de notre
ignorance, III et que nous sommes tenus d'accepter tout ce que nous ne pouvons réfuter.
II Nous parlons de toutes choses par précepte
130 et résolution[3]. Le style* à Rome portait que cela
même qu'un témoin déposait pour l'avoir vu
de ses yeux, et ce qu'un juge ordonnait de sa
plus certaine science, était conçu en cette forme
de parler : « Il me semble. » On me fait haïr
135 les choses vraisemblables quand on me les plante

* la formule de
procédure

---

1. « Comme s'il n'y avait rien d'aussi répandu que le manque de bon sens » (Cicéron, *De la divination*, II, 39); 2. « La multitude des fous, voilà une belle garantie de
sagesse » (saint Augustin, *Cité de Dieu*, VI, 10); 3. Dans une forme impérative et
dogmatique.

QUESTIONS

36. Retracez le progrès de l'erreur, selon l'analyse de Montaigne.
Montaigne pense-t-il que l'on puisse se garder de l'erreur? Comment? —
Les conséquences de cette attitude critique : Montaigne prépare son lecteur à une attitude de défiance et d'examen. — Voyez-vous pourquoi le
fanatisme et l'intolérance sont ici condamnés? — Pourquoi Montaigne
confesse-t-il qu'il est sujet lui aussi à déformer la vérité? En quoi cet aveu
renforce-t-il son analyse?

pour infaillibles. J'aime ces mots, qui amollissent et modèrent la témérité de nos propositions : *A l'aventure, Aucunement, Quelque, On dit, Je pense*, et semblables. Et si j'eusse eu à
40 dresser des enfants, je leur eusse tant mis en la bouche cette façon de répondre **III** enquêteuse, non résolutive* **II** : « Qu'est-ce à dire? Je ne l'entends pas*. Il pourrait être. Est-il vrai? » qu'ils eussent plutôt gardé la forme d'apprentis
45 à soixante ans que de représenter les docteurs à dix ans, comme ils font. Qui* veut guérir de l'ignorance, il faut la confesser. **III** Iris est fille de Thaumantis[1]. L'admiration* est fondement de toute philosophie, l'inquisition* le progrès,
50 l'ignorance le bout. **II** Voire dea*, il y a quelque ignorance forte et généreuse qui ne doit rien en honneur et en courage à la science, **III** ignorance pour laquelle concevoir il n'y a pas moins de science que pour concevoir la science. [...] **(37)**

* dogmatique
* je ne le comprends pas

* si l'on

* l'étonnement
* la recherche
* mais vraiment

CHAPITRE XIII

DE L'EXPÉRIENCE

[COMMENT VIVRE A PROPOS]

[...] **II** Nature a maternellement observé cela, que les actions qu'elle nous a enjointes pour notre besoin nous fussent aussi voluptueuses, et nous y convie non seulement par la raison, mais aussi

---

1. Sentence tirée de Platon, *Théétète*, 155, et expliquée au début de la phrase suivante. Dans la mythologie primitive, telle qu'elle est exposée dans la *Théogonie* d'Hésiode, Iris, messagère des dieux, est fille de *Thaumas* (et non Thaumantis), un des dieux de la Mer, dont le nom semble de même étymologie que le mot *thauma*, admiration.

—————— QUESTIONS ——————————————

37. Quel est le sens de cet éloge de l'*ignorance?* Que faut-il entendre exactement par ce mot? — Montrez que l'attitude ici définie se retrouve très souvent chez Montaigne, notamment dans les pages consacrées à l'éducation, dans le chapitre XXVI du livre premier des *Essais*.

5 par l'appétit* : c'est injustice de corrompre ses   * le désir
règles.

Quand je vois et César et Alexandre, au plus
épais de sa grande besogne, jouir si pleinement
des plaisirs **III** naturels et par conséquent néces-
10 saires et justes, **II** je ne dis pas que ce soit relâcher
son âme, je dis que c'est la roidir, soumettant
par vigueur de courage à l'usage de la vie ordinaire ces violentes occupations et laborieuses
pensées. **III** Sages, s'ils eussent cru que c'était
15 là leur ordinaire vacation*, cette-ci[1] l'extra-   * occupation
ordinaire. Nous sommes de grands fols : « Il a
passé sa vie en oisiveté, disons-nous ; je n'ai
rien fait d'aujourd'hui. — Quoi, avez-vous pas
vécu ? C'est non seulement la fondamentale,
20 mais la plus illustre* de vos occupations. —   * glorieuse
Si on m'eût mis au propre des grands manie-
ments[2], j'eusse montré ce que je savais faire.
— Avez-vous su méditer et manier* votre vie ?   * gouverner
vous avez fait la plus grande besogne de toutes. »
25 Pour se montrer et exploiter* nature n'a que   * et pour être
faire de fortune*, elle se montre également en   mise en œuvre
tous étages et derrière, comme sans rideau[3].   * d'une grande
Composer nos mœurs est notre office*, non pas   destinée
composer des livres, et gagner, non pas des   * devoir
30 batailles et provinces, mais l'ordre et tranquillité à notre conduite. Notre grand et glorieux
chef-d'œuvre, c'est vivre à propos. Toutes autres
choses, régner, thésauriser, bâtir, n'en sont
qu'appendicules* et adminicules** pour le plus.   * petits   appen-
35 **II** Je prends plaisir de voir un général d'armée   dices
au pied d'une brèche qu'il veut tantôt* attaquer,   ** moyens auxi-
se prêtant tout entier et délivré* à son dîner, **III**   liaires
son devis*, **II** entre ses amis ; **III** et Brutus[4], ayant   * bientôt
le ciel et la terre conspirés à l'encontre de lui et   * libre
40 de la liberté romaine, dérober à ses rondes   * conversation
quelque heure de nuit, pour lire et breveter*   familière
Polybe en toute sécurité. **II** C'est aux petites   * annoter
âmes, ensevelies du poids des affaires, de ne

---

1. *Cette-ci :* leur grande besogne; 2. A même de traiter des affaires d'importance;
3. Derrière un rideau aussi bien que sans rideau; 4. Cité par Plutarque (*Brutus*, 1).

s'en savoir purement démêler, de ne les savoir
45 et laisser et reprendre :

> *ô fortes pejoraque passi,*
> *Mecum saepe viri, nunc vino pellite curas ;*
> *Cras ingens iterabimus aequor*[1].

Soit par gosserie*, soit à certes**, que le vin
50 théologal et Sorbonique est passé en proverbe,
et leurs festins[2], je trouve que c'est raison qu'ils
en dînent d'autant plus commodément et plaisamment qu'ils ont utilement et sérieusement
employé la matinée à l'exercice de leur école.
55 La conscience d'avoir bien dispensé* les autres
heures est un juste et savoureux condiment des
tables. Ainsi ont vécu les sages; et cette inimi-
table contention* à la vertu qui nous étonne en
l'un et l'autre Caton, cette humeur sévère jus-
60 qu'à l'importunité, s'est ainsi mollement soumise et pliée aux lois de l'humaine condition de
Vénus et de Bacchus, **III** suivant les préceptes
de leur secte, qui demandent le sage parfait
autant expert et entendu à l'usage des voluptés
65 naturelles qu'en tout autre devoir de la vie. « *Cui
cor sapiat, ei et sapiat palatus*[3]. »

II Le relâchement et facilité honore, ce semble,
à merveille et sied mieux à une âme forte et
généreuse. Epaminondas n'estimait pas que de
70 se mêler à la danse des garçons de sa ville, **III** de
chanter, de sonner*, **II** et s'y embesogner** avec
attention fût chose qui dérogeât à l'honneur de
ses glorieuses victoires et à la parfaite réforma-
tion de mœurs qui était en lui[4]. Et parmi tant
75 d'admirables actions de Scipion **III** l'aïeul*, personnage digne de l'opinion d'une origine céleste,
II il n'est rien qui lui donne plus de grâce que

Marginal notes:
* que ce soit par plaisanterie
** sérieusement

* employé

* effort

* jouer des instruments ** s'y occuper

* l'Ancien

---

1. « Mes braves compagnons dans les pires misères, chassez à coups de vin aujour-
d'hui tout souci; la grande mer demain nous ouvrira sa route » (Horace, *Odes*, I,
VII, 30); 2. Érasme parle dans ses *Adages* de « vin théologal » et Rabelais emploie
l'expression « boire théologalement » (*Gargantua*, XV) : la plaisanterie vise évidemment les docteurs de la Sorbonne (faculté de théologie). Elle a peut-être pour origine
un ancien usage : lors des argumentations scolastiques, le président de séance pouvait punir d'une amende de deux quartauts de vin un étudiant qui cherchait trop
à briller par son éloquence; 3. « Le discernement de l'esprit n'exclut pas celui du
palais » (Cicéron, *De finibus*, II, 24); 4. Selon Cornelius Nepos (*Epaminondas*, II).

de le voir nonchalamment et puérilement bague-
naudant* à amasser et choisir des coquilles, et
80 jouer à cornichon va devant[1] le long de la marine*
avec Lélius, et, s'il faisait mauvais temps, s'amusant et se chatouillant* à représenter par écrit
en comédies les plus populaires et basses actions
des hommes, **III** et, la tête pleine de cette mer-
85 veilleuse entreprise d'Hannibal et d'Afrique,
visitant les écoles en Sicile[2], et se trouvant aux
leçons de la philosophie jusques à en avoir armé
les dents* de l'aveugle envie de ses ennemis à
Rome. **II** Ni chose plus remarquable en Socrate
90 que ce que, tout vieil, il trouve le temps de se
faire instruire à baller* et jouer des instruments,
et le tient pour bien employé. **(38)**

* s'amusant à
* mer

* s'excitant à

* fourni un
prétexte aux
attaques

* danser

[ÉLOGE DE SOCRATE]

Cettui-ci[3] s'est vu en extase, debout, un jour
entier et une nuit, en présence de toute l'armée
95 grecque, surpris et ravi par quelque profonde
pensée. Il s'est vu, **III** le premier parmi tant de
vaillants hommes de l'armée, courir au secours
d'Alcibiade accablé des ennemis, le couvrir de
son corps et le décharger de la presse* à vive
100 force d'armes, et le premier emmi* tout le peuple
d'Athènes, outré comme lui d'un si indigne
spectacle, se présenter à recourir* Théramène,

* dégager de la
foule des enne-
mis
* parmi
* délivrer

---

1. Jeu consistant à ramasser au plus vite différents objets en courant ; 2. Ces anec-
dotes mêlent en réalité des détails relatifs à Scipion l'Africain (235-183 av. J.-C.),
vainqueur de la deuxième guerre punique, et à Scipion Émilien (185-129 av.
J.-C.), vainqueur de la troisième guerre punique ; Montaigne s'inspire de Cicéron
(*De oratore*, II, 6) et de Tite-Live (XXIX, 19). A la ligne 82, Montaigne suit la
légende qui attribue à Scipion l'Africain les comédies de Térence ; 3. Socrate.
Montaigne a emprunté la plupart des traits qui suivent au *Banquet* de Platon.

——— **QUESTIONS** ———

38. Pourquoi Montaigne fait-il ici l'éloge de la nature ? — Selon ce
texte, le sage doit-il se retirer du monde ? — Pourquoi Montaigne
choisit-il ses exemples parmi les grands hommes politiques de l'Antiquité ? — Relevez les formules qui illustrent l'idéal de Montaigne : *composer nos mœurs*. — Essayez de définir d'après ce texte l'art de vivre de l'auteur. Comment Montaigne donne-t-il à ce passage un ton simple et
vivant ?

Phot. Alinari

LA CATHÉDRALE DE LUCQUES

C'est aux bains de Lucques, non loin de la ville, que Montaigne
passa près de cinq mois, en 1581.

que les trente tyrans faisaient mener à la mort
par leurs satellites [...]. Il s'est vu **II** continuelle-
105 ment marcher à la guerre **III** et fouler la glace **II**
les pieds nus, porter même robe en hiver et en
été, surmonter* tous ses compagnons en patience   * surpasser
de travail*, ne manger point autrement en festin   * en supportant
qu'en son ordinaire. **III** Il s'est vu, vingt et sept   les fatigues
110 ans, de pareil visage, porter* la faim, la pauvreté,   * supporter
l'indocilité de ses enfants, les griffes de sa femme[1];
et enfin la calomnie, la tyrannie, la prison, les
fers et le venin*. **II** Mais cet homme-là était-il   * le poison
convié de boire à lut* par devoir de civilité,   * boire en défi
115 c'était aussi celui de l'armée à qui en demeurait
l'avantage; et ne refusait ni à jouer aux noisettes
avec les enfants, ni à courir avec eux sur un cheval
de bois; et y avait bonne grâce; car toutes
actions, dit la philosophie, siéent également bien
120 et honorent également le sage. On a de quoi,   * on ne doit
et ne doit-on* jamais se lasser de présenter
l'image de ce personnage à tous patrons et
formes de perfection. **III** Il est fort peu d'exemples
de vie pleins et purs, et fait-on tort à notre
125 instruction, de nous en proposer tous les jours
d'imbéciles* et manqués**, à peine bons à un   * faibles ** dé-
seul pli[2], qui nous tirent arrière plutôt, cor-   fectueux
rupteurs plutôt que correcteurs. **(39)**

[FAIRE BIEN L'HOMME]

II Le peuple se trompe : on va bien plus facile-
130 ment par les bouts, où l'extrémité sert de borne
d'arrêt et de guide, que par la voie du milieu,
large et ouverte, et selon l'art que selon nature,
mais bien moins noblement aussi, et moins
recommandablement. **III** La grandeur de l'âme

---

1. L'acariâtre Xanthippe; 2. Pour nous donner un seul pli.

QUESTIONS

39. Quelles sont, d'après ce texte, les raisons de cette admiration? —
Distinguez celles qui concernent le courage militaire et le courage moral.
Quelle est l'antithèse sur laquelle est construit ce passage? Pourquoi
Socrate symbolise-t-il la véritable sagesse? Par quels traits de style se
marque l'émotion de Montaigne?

35 n'est pas tant tirer à mont* et tirer avant comme   * aller en haut
savoir se ranger et circonscrire. Elle tient pour
grand tout ce qui est assez, et montre sa hauteur
à aimer mieux les choses moyennes que les émi-
nentes. **II** Il n'est rien si beau et légitime que de
40 faire bien l'homme et dûment, ni science si
ardue que de bien **III** et naturellement **II** savoir
vivre cette vie; et de nos maladies la plus sauvage c'est mépriser notre être. Qui veut écarter
son âme le fasse hardiment, s'il peut, lorsque
45 le corps se portera mal, pour la décharger de
cette contagion; ailleurs au contraire, qu'elle
l'assiste et favorise et ne refuse point de parti-
ciper à ses naturels plaisirs et de s'y complaire
conjugalement, y apportant, si elle est plus sage,
50 la modération, de peur que par indiscrétion*   * manque de
ils ne se confondent avec le déplaisir. **III** L'intem-   mesure
pérance est peste de la volupté, et la tempérance
n'est pas son fléau : c'est son assaisonnement.
Eudoxus, qui en établissait le souverain bien[1],
55 et ses compagnons, qui la montèrent à si haut
prix, la savourèrent en sa plus gracieuse douceur
par le moyen de la tempérance qui fut en eux
singulière et exemplaire. **II** J'ordonne à mon âme
de regarder et la douleur et la volupté de vue
60 pareillement **III** réglée (« *eodem enim vitio est
effusio animi in laetitia, quo in dolore contractio*[2] »)
et pareillement **II** ferme, mais gaiement l'une,
l'autre sévèrement, et, selon ce qu'elle y peut
apporter, autant soigneuse d'en éteindre l'une
65 que d'étendre l'autre. **III** Le voir* sainement les   * le fait de voir
biens tire après soi le voir sainement les maux.
Et la douleur a quelque chose de non évitable
en son tendre commencement, et la volupté
quelque chose d'évitable en sa fin excessive.
70 Platon les accouple[3], et veut que ce soit pareillement l'office de la fortitude* combattre à   * la fonction du
l'encontre de la douleur et à l'encontre des   courage
immodérées et charmeresses blandices* de la   * flatteries

---

1. Pour qui la volupté était le souverain bien; 2. « Il est pareillement mauvais
de répandre son âme dans la joie et de la contracter dans la douleur » (Cicéron, *les
Tusculanes*, IV, XXXI); 3. *Phédon*, III.

volupté. Ce sont deux fontaines auxquelles qui
175 puise, d'où, quand et combien il faut, soit cité,
soit homme, soit bête, il est bien heureux. La
première, il la faut prendre par médecine et par
nécessité, plus écharsement*; l'autre, par soif,   * parcimonieuse-
mais non jusques à l'ivresse. La douleur, la   ment
180 volupté, l'amour, la haine sont les premières
choses que sent un enfant; si, la raison surve-
nant, elles s'appliquent à elle, cela c'est vertu. **(40)**

[PASSER LE TEMPS]

ǁ J'ai un dictionnaire[1] tout à part moi : je
passe le temps, quand il est mauvais et incom-
185 mode; quand il est bon, je ne le veux pas passer,
je le retâte*, je m'y tiens. Il faut courir le mauvais   * je le savoure
et se rasseoir* au bon. Cette phrase ordinaire de   * s'arrêter
passe-temps et de *passer le temps* représente
l'usage de ces prudentes* gens, qui ne pensent   * sages (iro-
190 point avoir meilleur compte* de leur vie que de   nique)
la couler et échapper*, de la passer, gauchir**   * faire meilleur
et, autant qu'il est en eux, ignorer et fuir, comme   usage
chose de qualité ennuyeuse* et dédaignable. Mais   * laisser échap-
je la connais autre, et la trouve et prisable et   per ** esquiver
195 commode*, voire en son dernier décours**, où   * pénible
je la tiens; et nous l'a nature mise en main,   * agréable ** dé-
garnie de telles circonstances, et si favorables,   clin
que nous n'avons à nous plaindre qu'à nous
si elle nous presse* et si elle nous échappe inuti-   * pèse
200 lement. **ǁǁǁ** « *Stulti vita ingrata est, trepida est,
tota in futurum fertur*[2]. » **ǁ** Je me compose pourtant* à la perdre sans regret, mais comme per-   * aussi je
m'exerce

---

1. Une façon particulière d'employer les mots; nous allons en avoir un exemple
avec son commentaire de l'expression *passe-temps ;* 2. « Le fol mène une vie ingrate,
agitée, toute portée dans l'avenir » (Sénèque, *Lettres à Lucilius,* XV).

--- **QUESTIONS** ---

40. La pensée de Montaigne est-elle encore tributaire du stoïcisme? —
Comment faut-il définir l'humanisme de Montaigne? Pourquoi est-il
inséparable d'un certain renoncement? — Comment Montaigne envisage-
t-il ici les rapports entre l'âme et le corps? — La santé morale de Montaigne : précisez son attitude à l'égard de la douleur. Comment retrouve-
t-on dans l'organisation de la vie morale l'idée grecque de la mesure?
Par quelles images Montaigne évoque-t-il la douceur de cette vie selon
la nature?

dable de sa condition, non comme moleste* et   * pénible
importune. **III** Aussi ne sied-il proprement bien
05 de ne se déplaire à mourir qu'à ceux qui se
plaisent à vivre. **II** Il y a du ménage à la jouir[1];
je la jouis au double des autres, car la mesure
en la jouissance dépend du plus ou moins d'application que nous y prêtons. Principalement à cette
210 heure que j'aperçois la mienne si brève en temps,
je la veux étendre en poids, je veux arrêter la
promptitude de sa fuite par la promptitude de
ma saisie, et par la vigueur de l'usage, compenser
la hâtiveté de son écoulement; à mesure que la
215 possession du vivre est plus courte, il me la
faut rendre plus profonde et plus pleine. **(41)**

[L'ÉTUDE DU PLAISIR]

    Les autres sentent la douceur d'un contente-
ment et de la prospérité; je la sens ainsi qu'eux,
mais ce n'est pas en passant et glissant. Si la   * car il la faut
220 faut-il étudier*, savourer et ruminer, pour en   étudier
rendre grâces condignes* à celui qui nous l'oc-   * proportionnées
troie. Ils jouissent les autres plaisirs comme
ils font celui du sommeil, sans les connaître.
A celle fin* que le dormir même ne m'échappât   * afin
225 ainsi stupidement, j'ai autrefois trouvé bon qu'on
me le troublât pour que je l'entrevisse. Je consulte
d'un* contentement avec moi, je ne l'écume pas[2];   * je médite sur
je le sonde et plie ma raison à le recueillir,   un
devenue chagrine et dégoûtée. Me trouvé-je en
230 quelque assiette* tranquille? y a-t-il quelque   * état
volupté qui me chatouille? je ne la laisse pas
friponner aux sens*, j'y associe mon âme, non   * dérober par les
pas pour s'y engager, mais pour s'y agréer, non   sens
pas pour s'y perdre, mais pour s'y trouver; et

---

1. Il faut une patiente administration pour en jouir; 2. Je ne me borne pas à en prendre l'écume.

──────── **QUESTIONS** ────────

41. Quelle est la saveur de cette méditation qui prend son origine des façons de parler? — Définissez l'épicurisme de Montaigne. Quel est le rôle de la volonté et de l'esprit dans le plaisir? — Étudiez le vocabulaire de Montaigne : a) les images de la fuite; b) les images de la saisie.

235 l'emploie de sa part* à se mirer dans ce pros-   * de son côté
père état, à en peser et estimer le bonheur et
amplifier. Elle mesure combien c'est qu'elle doit
à Dieu d'être en repos de sa conscience et d'autres
passions intestines, d'avoir le corps en sa dispo-
240 sition naturelle, jouissant ordonnément et compé-
temment* des fonctions molles** et flatteuses par   * convenable-
lesquelles il lui plaît compenser de sa grâce les   ment ** douces
douleurs de quoi sa justice nous bat à son tour,
combien lui vaut* d'être logée en tel point que,   * quel avantage
245 où qu'elle jette sa vue, le ciel est calme autour   elle a
d'elle; nul désir, nulle crainte ou doute qui lui
trouble l'air, aucune difficulté **III** passée, présente, future, **II** par dessus laquelle son imagination ne passe sans offense*. Cette considération   * dommage
250 prend grand lustre de la comparaison des condi-
tions différentes[1]. Ainsi je me propose*, en mille   * je me repré-
visages, ceux que la fortune ou que leur propre   sente
erreur emporte et tempête*, et encore ceux-ci,   * agite
plus près de moi, qui reçoivent si lâchement* et   * si mollement
255 incurieusement* leur bonne fortune. Ce sont   * avec indiffé-
gens qui passent voirement* leur temps; ils   rence
outrepassent le présent et ce qu'ils possèdent,   * vraiment
pour servir à* l'espérance et pour des ombrages**   * se faire les
et vaines images que la fantaisie leur met au   esclaves de
260 devant,   ** ombres

> *Morte obita quales fama est volitare figuras,*
> *Aut quae sopitos deludunt somnia sensus*[2],

lesquelles hâtent et allongent leur fuite à même*   * à mesure
qu'on les suit. Le fruit et but de leur poursuite,
265 c'est poursuivre, comme Alexandre disait que
la fin de son travail, c'était travailler,

> *Nil actum credens cum quid superesset agendum*[3]. **(42)**

---

1. De la comparaison entre ma condition et celles qui sont différentes; 2. « Ainsi qu'après la mort ces ombres qui voltigent, ou les songes trompeurs de nos sens endormis » (Virgile, *l'Énéide*, x, 641); 3. « Croyant n'avoir rien fait tant qu'il lui reste à faire » (Lucain, *la Pharsale*, II, 757).

─────── **QUESTIONS** ───────

42. Étudiez les différents moyens employés pour mieux jouir de la vie : *a)* épuiser les plaisirs; *b)* les multiplier; *c)* les amplifier en y associant l'âme. Montrez que Montaigne a conscience de sa supériorité par rapport aux autres. — Le plaisir que goûte Montaigne fait-il sa part à Dieu?

[AIMER LA VIE]

Pour moi donc, j'aime la vie et la cultive telle
qu'il a plu à Dieu nous l'octroyer. Je ne vais pas
270 désirant qu'elle eût à dire* la nécessité de boire
et de manger, III et me semblerait faillir non
moins excusablement de désirer qu'elle l'eût
double (« *Sapiens divitiarum naturalium quaesitor
acerrimus*[1] »), ni II que nous nous sustentis-
275 sions mettant seulement en la bouche un peu de
cette drogue par laquelle Epiménide[2] se privait
d'appétit et se maintenait [...], ni que le corps
fût sans désir et sans chatouillement. Ce sont
plaintes ingrates III et iniques. II J'accepte de
280 bon cœur, III et reconnaissant II ce que Nature
a fait pour moi, et m'en agrée et m'en loue. On
fait tort à ce grand et tout-puissant donneur de
refuser son don, l'annuler et défigurer. III Tout
bon, il a fait tout bon. « *Omnia quae secundum
285 naturam sunt, aestimatione digna sunt*[3]. » [...]
    II Nature est un doux guide, mais non pas
plus doux que prudent* et juste. III « *Intrandum
est in rerum naturam, et penitus quid ea postulet,
pervidendum*[4]. » II Je quête* partout sa piste :
290 nous l'avons confondue de traces artificielles;
III et ce souverain bien académique et péripa-
tétique, qui est vivre selon icelle*, devient à cette
cause difficile à borner et exprimer; et celui des
stoïciens, voisin à celui-là, qui est consentir à
295 nature. II Est-ce pas erreur d'estimer aucunes
actions moins dignes de ce qu'elles* sont nécessaires? Si* ne m'ôteront-ils pas de la tête que
ce ne soit un très convenable mariage du plaisir

* qu'elle fût pri-
vée de

* sage

* cherche

* celle-ci (la na-
ture)

* parce qu'elles
* pourtant

---

1. « Le sage recherche très vivement les richesses naturelles » (Sénèque, *Lettres
à Lucilius*, CXIX); 2. Un des sept sages de la Grèce; 3. « Tout ce qui est selon la nature
est digne d'estime » (Cicéron, *De finibus*, III, VI); 4. « Il faut entrer dans la nature
des choses, et scruter à fond ses exigences » (Cicéron, *De finibus*, V, XVI).

avec la nécessité, **III** avec laquelle, dit un Ancien[1],
300 les dieux complotent toujours. **II** A quoi faire*   * pourquoi
démembrons-nous en divorce un bâtiment tissu
d'une si jointe et fraternelle correspondance ? Au
rebours, renouons-le par mutuels offices*. Que   * services
l'esprit éveille et vivifie la pesanteur du corps,
305 le corps arrête la légèreté de l'esprit et la fixe.
III « *Qui velut summum bonum laudat animae*
naturam, et tanquam malum naturam carnis accu-
sat, profecto et animam carnaliter appetit et
carnem carnaliter fugit, quoniam id vanitate sentit
310 *humana, non veritate divina*[2]. » **II** Il n'y a pièce*   * partie
indigne de notre soin en ce présent que Dieu
nous a fait ; nous en devons compte jusques à
un poil. Et n'est pas une commission par acquit*   * pour la forme
à l'homme de conduire l'homme selon sa condi-
315 tion : elle est expresse, naïve* **III** et très princi-   * naturelle
pale*, **II** et nous l'a le Créateur donnée sérieuse-   * essentielle
ment et sévèrement. **III** L'autorité peut seule
envers les communs entendements, et pèse plus
en langage pérégrin*. Rechargeons en ce lieu.   * étranger
320 « *Stultitiae proprium quis non dixerit ignave et*
contumaciter facere quae facienda sunt, et alio
corpus impellere, alio animum, distrahique inter
diversissimos motus[3]. » **(43)**

---

1. Le poète grec Simonide (VIe-Ve siècle av. J.-C.); 2. « Qui exalte comme souverain bien la nature de l'âme et condamne comme le mal la nature de la chair, certes il recherche l'âme charnellement et fuit la chair charnellement, parce qu'il en juge dans la vanité humaine et non dans la vérité divine » (saint Augustin, *Cité de Dieu*, XIV, 5); 3. « Qui niera que ce soit le propre de la sottise de faire avec mollesse et mauvaise humeur ce qu'on est obligé de faire, de pousser le corps d'un côté et l'âme de l'autre, et de se partager entre les mouvements les plus contraires » (Sénèque, *Lettres*, LXXIV).

QUESTIONS

43. Pourquoi Montaigne rend-il simultanément grâces à Dieu et à la nature? — Pourquoi n'est-il pas facile de vivre selon la nature? Montrez qu'il y faut une sorte d'ascèse. — Essayez de préciser l'émotion contenue de cette action de grâces. Comment Montaigne est-il à la fois l'héritier de la sagesse antique et de la sagesse chrétienne? — Étudiez le travail du style d'après les additions de l'exemplaire de Bordeaux. Montrez qu'elles précisent et affirment la pensée de Montaigne.

[VALEUR DE LA PENSÉE]

‖ Or sus*, pour voir**, faites-vous dire un jour
325 les amusements et imaginations que celui-là met
en sa tête, et pour lesquelles il détourne sa pensée
d'un bon repas et plaint* l'heure qu'il emploie à
se nourrir; vous trouverez qu'il n'y a rien si fade
en tous les mets de votre table que ce bel entre-
330 tien de son âme (le plus souvent il nous vaudrait
mieux dormir tout à fait que de veiller à ce à
quoi nous veillons), et trouverez que son discours
et intentions ne valent pas votre capirotade*.
Quand ce seraient les ravissements d'Archimède[1]
335 même, que serait-ce? Je ne touche pas ici et ne
mêle point à cette marmaille d'hommes que nous
sommes et à cette vanité de désirs et cogitations*
qui nous divertissent*, ces âmes vénérables, éle-
vées par ardeur de dévotion et religion à une
340 constante et consciencieuse méditation des choses
divines, **‖‖‖** lesquelles, préoccupant par* l'effort
d'une vive et véhémente espérance l'usage de la
nourriture éternelle, but final et dernier arrêt des
chrétiens désirs, seul plaisir constant, incor-
345 ruptible, dédaignent de s'attendre* à nos nécessiteuses commodités, fluides* et ambiguës**, et
résignent* facilement au corps le soin et l'usage
de la pâture* sensuelle et temporelle. **‖** C'est
un étude privilégié. Entre nous, ce sont choses
350 que j'ai toujours vues de singulier* accord : les
opinions supercélestes et les mœurs souter-
raines. [...] **(44)**

*	eh bien!
**	en vérité
*	regrette
*	capilotade (sorte de ragoût)
*	pensées
*	détournent de pensées plus sérieuses
*	goûtant à l'avance
*	s'attacher
*	passagères
**	incertaines
*	abandonnent
*	nourriture
*	spécial

[MESURE DE L'HOMME]

‖ Ménageons le temps; encore nous en reste-t-il
beaucoup d'oisif et mal employé. Notre esprit

---

1. *Archimède*, savant syracusain (287-212 av. J.-C.), connu par ses découvertes
en géométrie et en physique : une anecdote célèbre rapporte son enthousiasme au
moment où il découvrit le principe qui porte son nom.

━━ QUESTIONS ━━

44. Appréciez l'ironie de Montaigne dans la satire de la belle âme.
Pourquoi a-t-il soin de mettre à part les religieux?

355 n'a volontiers* pas assez d'autres heures à faire   * probablement
ses besognes, sans se désassocier du corps en ce
peu d'espace qu'il lui faut pour sa nécessité. Ils
veulent se mettre hors d'eux et échapper à
l'homme. C'est folie; au lieu de se transformer
360 en anges, ils se transforment en bêtes; au lieu
de se hausser, ils s'abattent. **III** Ces humeurs
transcendantes m'effraient, comme les lieux hau-   * élevés
tains* et inaccessibles; et rien ne m'est à digérer   * difficile à digé-
fâcheux* en la vie de Socrate que ses extases et   rer
365 ses démoneries[1], rien si humain en Platon que
ce pourquoi ils disent* qu'on l'appelle divin.   * on dit
II Et de nos sciences, celles-là me semblent plus
terrestres **III** et basses **II** qui sont le plus haut mon-
tées. Et je ne trouve rien si humble* et si mortel   * si bas
370 en la vie d'Alexandre que ses fantaisies* autour   * imaginations
de son immortalisation. Philotas[2] le mordit plaisamment par sa réponse; il s'était conjoui* avec   * réjoui
lui par lettre de l'oracle de Jupiter Hammon qui
l'avait logé entre les dieux. Pour ta considération*   * pour ce qui te
375 j'en suis bien aise, mais il y a de quoi plaindre   concerne
les hommes qui auront à vivre avec un homme
et lui obéir, lequel **III** outrepasse et ne se contente
de **II** la mesure d'un homme. **III** « *Diis te minorem
quod geris, imperas*[3]. »
380   **II** La gentille inscription, de quoi les Athéniens
honorèrent la venue de Pompée en leur ville, se
conforme à mon sens :

> D'autant es-tu Dieu comme
> Tu te reconnais homme[4].

385 C'est une absolue perfection, et comme divine,
de savoir jouir loyalement de son être. Nous
cherchons d'autres conditions, pour n'entendre*   * parce que nous
l'usage des nôtres, et sortons hors de nous, pour   n'entendons
ne savoir quel il y fait. **III** Si avons nous beau   pas
390 monter sur des échasses, car sur des échasses   * aussi nous est-il
encore faut-il marcher de nos jambes. Et au plus   inutile de

---

1. Ses entretiens avec son « démon », sorte de divinité intérieure; 2. Officier
d'Alexandre; 3. « Humble devant les dieux, c'est alors que tu règnes » (Horace,
Odes, III, VI, 5); 4. Traduction d'Amyot.

élevé trône du monde si* ne sommes assis que
sur notre cul.

  ❚ Les plus belles vies sont, à mon gré, celles
395 qui se rangent* au modèle commun **❚❚❚** et humain,
avec ordre, mais **❚❚** sans miracle et sans extra-
vagance*. Or la vieillesse a un peu besoin d'être
traitée plus tendrement. Recommandons-la à ce
Dieu*, protecteur de santé et de sagesse, mais
400 gaie et sociale :

* néanmoins

* qui se
conforment

* sans s'éloigner
de la nature

* Apollon

> *Frui paratis et valido mihi,*
> *Latoe, dones, et, precor, integra*
> *Cum mente, nec turpem senectam*
> *Degere, nec cythara carentem*[1]. **(45)**

*un modèle
modeste*

---

1. « Accorde-moi de jouir, Apollon, des biens que j'ai, d'un corps, d'une âme
saine, et que j'obtienne honorable vieillesse qui ne soit pas étrangère à la lyre »
(Horace, *Odes*, I, XXXI, 17).

QUESTIONS

---

45. Quelle est, à la fin de cet essai, l'idée de l'homme chez Montaigne?
Comment condamne-t-il les ambitions de l'esprit? Relevez les antithèses
nombreuses de ce passage (l'antithèse humain-divin, qui trouve plusieurs
formulations). — Le réalisme de Montaigne : quelle saveur donne-t-il
au texte? Est-il un simple trait de style? — Le souci de *savoir jouir loyalement de son être* se concilie-t-il avec l'attente chrétienne d'une plus
grande félicité? A quel dieu Montaigne s'adresse-t-il au terme de son
livre? Comparez ce texte avec Pascal, *Pensées*, fragment 257 (édition
Lafuma).

DOCUMENTATION THÉMATIQUE

réunie par la Rédaction des Nouveaux Classiques Larousse.

1. Les écrivains et la lecture :
   1.1. Montaigne;
   1.2. Voltaire et Rousseau;
   1.3. Chateaubriand;
   1.4. Points de vue contemporains.

2. « L'art de conférer » :
   2.1. L'admiration de Pascal pour Montaigne;
   2.2. La Rochefoucauld;
   2.3. Autres moralistes du XVIIᵉ s.;
   2.4. Vauvenargues.

3. Les voyages, thème littéraire :
   3.1. Textes complémentaires de Montaigne;
   3.2. J.-J. Rousseau et les voyages;
   3.3. Deux points de vue.

4. La découverte du Nouveau Monde :
   4.1. Quelques témoignages directs;
   4.2. Le XVIIIᵉ s. et le problème de l'esclavage;
   4.3. Texte complémentaire de Montaigne.

5. Les problèmes politiques :
   5.1. La coutume et les lois;
   5.2. Montaigne et Henri IV;
   5.3. La Boétie et le *Discours de la servitude volontaire*.

6. En conclusion sur Montaigne :
   6.1. Pascal, *Entretiens avec M. de Saci*;
   6.2. Sainte-Beuve, *Port-Royal*.

1. LES ÉCRIVAINS ET LA LECTURE

1.1. MONTAIGNE

On complétera ce que le chapitre III du livre III laisse apparaître sur Montaigne et les livres par la lecture des deux textes suivants, extraits d'autres passages des *Essais*.

◆ II, 10. Des livres :

Je souhaiterais bien avoir plus parfaite intelligence des choses, mais je ne la veux pas acheter si cher qu'elle coûte. Mon dessein est de passer doucement, et non laborieusement, ce qui me reste de vie. Il n'est rien pour quoi je me veuille rompre la tête, non pas pour la science, de quelque grand prix qu'elle soit. Je ne cherche aux livres qu'à m'y donner plaisir par un honnête amusement ; ou, si j'étudie, je n'y cherche que la science qui traite de la connaissance de moi-même, et qui m'instruise à bien mourir et à bien vivre :

(II) *Hac meus ad metas sudet oportet equus*[1].

(I) Les difficultés, si j'en rencontre en lisant, je n'en ronge pas mes ongles ; je les laisse là, après leur avoir fait une charge ou deux.

(II) Si je m'y plantais, je m'y perdrais, et le temps : car j'ai un esprit primesautier. Ce que je ne vois de la première charge, je le vois moins en m'y obstinant. Je ne fais rien sans gaieté ; et la continuation (III) et la contention trop ferme (II) éblouit mon jugement, l'attriste et le lasse. (III) Ma vue s'y confond et s'y dissipe. (II) Il faut que je le retire et que je l'y remette à secousses : tout ainsi que, pour juger du lustre de l'écarlate[2] on nous ordonne de passer les yeux par-dessus, en la parcourant à diverses vues, soudaines reprises et réitérées.

(I) Si ce livre me fâche, j'en prends un autre ; et ne m'y adonne qu'aux heures où l'ennui de rien faire commence à me saisir. Je ne me prends guère aux nouveaux, pour ce que les anciens me semblent plus pleins et plus raides ; ni aux Grecs, parce que mon jugement ne sait pas faire ses besognes[3] d'une puérile et apprentisse intelligence.

◆ I, 26. De l'institution des enfants.

Le premier goût que j'eus aux livres, il me vint du plaisir des fables de la *Métamorphose* d'Ovide, car, environ l'âge de sept ou huit ans, je me dérobais de tout autre plaisir pour les lire : d'autant que cette langue était la mienne maternelle, et

---

1. « Ce but où doit courir mon cheval en sueur. » (Properce, IV, 1, 70) ; **2.** *Ecarlate :* c'est une étoffe, non une couleur ; **3.** *Faire ses besognes :* se contenter.

que c'était le plus aisé livre que je connusse, et le plus accommodé à la faiblesse de mon âge à cause de la matière. Car des Lancelots du Lac, (II) des Amadis, (I) des Huons de Bordeaux et tel fatras de livres à quoi l'enfance s'amuse, je n'en connaissais pas seulement le nom, ni ne fais encore le corps, tant exacte était ma discipline. Je m'en rendais plus nonchalant à l'étude de mes autres leçons prescrites. Là, il me vint singulièrement à propos d'avoir affaire à un homme d'entendement de précepteur, qui sut dextrement conniver[4] à cette mienne débauche, et autres pareilles. Car, par là, j'enfilais tout d'un train Virgile en l'Enéide, et puis Térence, et puis Plaute, et des comédies italiennes, leurré[5] toujours par la douceur du sujet. S'il eût été si fol de rompre ce train, j'estime que je n'eusse rapporté du collège que la haine des livres, comme fait quasi toute notre noblesse. Il s'y gouverna ingénieusement. Faisant semblant de n'en voir rien, il aiguisait ma faim, ne me laissant qu'à la dérobée gourmander ces livres, et me tenant doucement en office pour les autres études de la règle. Car les principales parties que mon père cherchait à ceux à qui il donnait charge de moi, c'était la débonnaireté et la facilité de complexion. Aussi n'avait la mienne autre vice que langueur et paresse. Le danger n'était pas que je fisse mal, mais que je ne fisse rien. Nul ne pronostiquait que je dusse devenir mauvais, mais inutile. On y prévoyait de la fainéantise, non pas de la malice.

On comparera avec Méré (Discours de l'esprit) :

Ce n'est pas une chose à négliger pour acquérir de l'esprit, que de lire les bons auteurs, et d'écrire le mieux qu'on peut sur toute sorte de sujets. Outre l'avantage qu'on en tire en ce qui regarde l'esprit, il arrive toujours que cette occupation quand on s'y prend bien donne une justesse, une pureté de langage, une netteté d'expression, et surtout une marche assurée qu'on n'apprend point dans le commerce du monde. Il faut aimer les auteurs qui pensent beaucoup, qui jugent toujours bien, et qui disent d'excellentes choses. La bonne manière de les dire, qui n'est pas si considérable pour former l'esprit, ne laisse pas néanmoins d'être de conséquence, parce qu'elle vient principalement du bon goût, et qu'elle en donne à ceux qui s'y plaisent. Par ces excellentes choses je n'entends pas que tout ce qu'on écrit brille, et soit de haut prix : cela serait assez difficile ; quand on le pourrait on s'en devrait bien empêcher, car il faut que tout soit tempéré pour être agréable.
Je me souviens qu'autrefois, après avoir longtemps discouru, vous me faisiez souvent lire, et qu'aussi vous lisiez vous-même,

---

4. Conniver : se prêter à, se faire complice de ; 5. Leurrer : attirer.

et quand vous remarquiez quelque défaut dans la justesse, ou dans le bon air, j'en cherchais la cause avec vous, Madame, et quelquefois je vous aidais à rajuster de certains endroits comme ils devaient être, au moins selon votre goût, que je tiens le plus pur, et le plus parfait du monde. Je voyais qu'en tout ce que nous lisions de considérable, vous étiez sensiblement touchée, un peu plus, un peu moins, selon que vous le deviez être ; et si par un excès de délicatesse vous veniez à rebuter une bonne chose, cela même vous était avantageux, et j'en étais bien aise ; car vous aviez toujours l'adresse, et l'invention d'en remettre en la place de la moins bonne une meilleure, et j'avais le plaisir de la goûter. Que si j'en remarquais de biens pensées qui fussent mal dites, je vous engageais souvent à les bien dire, et vous leur donniez par une expression fine, ou tendre, ou galante, selon les sujets, tout l'agrément qu'elles pouvaient recevoir.

S'il est possible d'acquérir de l'esprit et de se perfectionner par le moyen de la lecture, comme il n'en faut pas douter, c'est assurément par cette voie en prenant l'art et l'adresse des plus achevés, et même si l'on peut, l'esprit de ceux qui l'ont le mieux fait. Mais il se faut bien garder de prendre leurs inventions, ni leurs pensées, si ce n'est qu'on enchérisse pardessus les inventeurs, comme Virgile a pris quelques vers d'Homère, pour les mieux tourner, et le Tasse à même dessein en a traduit de l'un et de l'autre.

1.2. VOLTAIRE ET ROUSSEAU

◆ Voltaire propose un point de vue polémique : la lecture est un danger pour les puissances établies dans certaines conditions que l'on cherchera à déterminer ; on tentera aussi de trouver chez Montaigne ce qui fait de la lecture un instrument de réflexion et de contestation.

Nous Joussouf-Chéribi, par la grâce de Dieu mouphti du Saint-Empire ottoman, lumière des lumières, élu entre les élus, à tous les fidèles qui ces présentes verront, sottise et bénédiction.

Comme ainsi soit que Saïd Effendi, ci-devant ambassadeur de la Sublime-Porte vers un petit Etat nommé Frankrom[6], situé entre l'Espagne et l'Italie, a rapporté parmi nous le pernicieux usage de l'imprimerie[7], ayant consulté sur cette nouveauté nos vénérables frères les cadis et imans de la ville impériale de Stamboul, et surtout les fakirs connus par leur zèle contre l'esprit, il a semblé bon à Mahomet et à nous de condamner, proscrire, anathématiser ladite infernale invention de l'imprimerie, pour les causes ci-dessous énoncées.

---

6. La France, soumise à la domination romaine ; 7. Exact : en 1726.

I. Cette facilité de communiquer ses pensées tend évidemment à dissiper l'ignorance, qui est la gardienne et la sauvegarde des Etats bien policés.

2. Il est à craindre que, parmi les livres apportés d'Occident, il ne s'en trouve quelques-uns sur l'agriculture et sur les moyens de perfectionner les arts mécaniques, lesquels ouvrages pourraient à la longue, ce qu'à Dieu ne plaise, réveiller le génie de nos cultivateurs et de nos manufacturiers, exciter leur industrie, augmenter leurs richesses, et leur inspirer un jour quelque élévation d'âme, quelque amour du bien public, sentiments absolument opposés à la saine doctrine.

3. Il arriverait à la fin que nous aurions des livres d'histoire dégagés du merveilleux qui entretient la nation dans une heureuse stupidité. On aurait dans ces livres l'imprudence de rendre justice aux bonnes et aux mauvaises actions, et de recommander l'équité et l'amour de la patrie, ce qui est visiblement contraire aux droits de notre place.

4. Il se pourrait, dans la suite des temps, que de misérables philosophes, sous le prétexte spécieux, mais punissable, d'éclairer les hommes et de les rendre meilleurs, viendraient nous enseigner des vertus dangereuses dont le peuple ne doit jamais avoir de connaissance.

5. Ils pourraient, en augmentant le respect qu'ils ont pour Dieu, et en imprimant scandaleusement qu'il remplit tout de sa présence, diminue le nombre des pèlerins de La Mecque, au grand détriment du salut des âmes.

6. Il arriverait sans doute qu'à force de lire les auteurs occidentaux qui ont traité des maladies contagieuses, et de la manière de les prévenir, nous serions assez malheureux pour nous garantir de la peste, ce qui serait un attentat énorme contre les ordres de la Providence.

A ces causes et autres, pour l'édification des fidèles et pour le bien de leurs âmes, nous leur défendons de jamais lire aucun livre, sous peine de damnation éternelle. Et, de peur que la tentation diabolique ne leur prenne de s'instruire, nous défendons aux pères et aux mères d'enseigner à lire à leurs enfants. Et, pour prévenir toute contravention à notre ordonnance, nous leur défendons expressément de penser, sous les mêmes peines ; enjoignons à tous les vrais croyants de dénoncer à notre officialité quiconque aurait prononcé quatre phases liées ensemble, desquelles on pourrait inférer un sens clair et net. Ordonnons que dans toutes les conversations on ait à se servir de termes qui ne signifient rien, selon l'ancien usage de la Sublime-Porte.

Et pour empêcher qu'il n'entre quelque pensée en contrebande dans la sacrée ville impériale, commettons spécialement le premier médecin de Sa Hautesse[8], né dans un marais de l'Occident septentrional; lequel médecin, ayant déjà tué quatre personnes augustes de la famille ottomane, est intéressé plus que personne à prévenir toute introduction de connaissances dans le pays; lui donnons pouvoir, par ces présentes, de faire saisir toute idée qui se présenterait par écrit ou de bouche aux portes de la ville, et nous amener ladite idée pieds et poings liés, pour lui être infligé par nous tel châtiment qu'il nous plaira.

Donné dans notre palais de la stupidité, le 7 de la lune de Muharem, l'an 1143 de l'hégire.

De l'horrible danger de la lecture (1765).

Rousseau raconte dans *les Confessions* (livre premier) ses premières lectures; on analysera ce qu'il retirait de cette occupation.

Je ne me souviens que de mes premières lectures et de leur effet sur moi : c'est le temps d'où je date sans interruption la conscience de moi-même. Ma mère avait laissé des Romans. Nous nous mîmes à les lire après souper mon père et moi. Il n'était question d'abord que de m'exercer à la lecture par des livres amusants; mais bientôt l'intérêt devint si vif que nous lisions tour à tour sans relâche, et passions les nuits à cette occupation. Nous ne pouvions jamais quitter qu'à la fin du volume. Quelquefois mon père, entendant le matin les hirondelles, disait tout honteux : « Allons nous coucher; je suis plus enfant que toi. »

En peu de temps j'acquis par cette dangereuse méthode, non seulement une extrême facilité à lire et à m'entendre, mais une intelligence unique à mon âge sur les passions. Je n'avais aucune idée des choses, que tous les sentiments m'étaient déjà connus. Je n'avais rien conçu; j'avais tout senti. Ces émotions confuses que j'éprouvais coup sur coup n'altéraient point la raison que je n'avais pas encore : mais elles m'en formèrent une d'une autre trempe, et me donnèrent de la vie humaine des notions bizarres et romanesques, dont l'expérience et la réflexion n'ont jamais bien pu me guérir.

Les Romans finirent avec l'été de 1719. L'hiver suivant ce fut autre chose. La bibliothèque de ma mère épuisée, on eut recours à la portion de celle de son père qui nous était échue. Heureusement il s'y trouva de bons livres; et cela ne pouvait guère être autrement; cette bibliothèque ayant été formée par un Ministre[9], à la vérité, et savant même; car c'était la mode

---

8. Van Swieten, premier médecin à Vienne de l'impératrice reine, qui détestait l'inoculation, la philosophie et les ouvrages de Voltaire (1700-1772); 9. Le ministre Samuel Bernard (1631-1701).

alors, mais homme de goût et d'esprit. *L'Histoire de l'Eglise et de l'Empire* par Le Sueur, le discours de Bossuet sur l'histoire universelle, les hommes illustres de Plutarque, l'*Histoire de Venise* par Nani, les *Métamorphoses* d'Ovide, La Bruyère, les mondes de Fontenelle, ses *Dialogues des morts,* et quelques tomes de Molière, furent transportés dans le cabinet de mon père, et je les lui lisais tous les jours durant mon travail. J'y pris un goût rare et peut-être unique à cet âge. Plutarque, surtout, devint ma lecture favorite. Le plaisir que je prenais à le relire sans cesse me guérit un peu des Romans, et je préférai bientôt Agésilas, Brutus, Aristide à Orondate, Artamène et Juba. De ces intéressantes lectures, des entretiens qu'elles occasionnent entre mon père et moi, se forma cet esprit libre et républicain, ce caractère indomptable et fier, impatient de joug et de servitude qui m'a tourmenté tout le temps de ma vie dans les situations les moins propres à lui donner l'essor. Sans cesse occupé de Rome et d'Athènes ; vivant, pour ainsi dire, avec leurs grands hommes, né moi-même Citoyen d'une République, et fils d'un père dont l'amour de la patrie était la plus forte passion, je m'en enflammais à son exemple ; je me croyais Grec ou Romain ; je devenais le personnage dont je lisais la vie : le récit des traits de constance et d'intrépidité qui m'avaient frappé me rendait les yeux étincelants et la voix forte. Un jour que je racontais à table l'aventure de Scevola, on fut effrayé de me voir avancer et tenir la main sur un réchaud pour représenter son action.

1.3. CHATEAUBRIAND, *MÉMOIRES D'OUTRE-TOMBE* (II, III)

Cette même année commença une révolution dans ma personne comme dans ma famille. Le hasard fit tomber entre mes mains deux livres bien divers, un *Horace* non châtié et une histoire des *Confessions mal faites*. Le bouleversement d'idées que ces deux livres me causèrent est incroyable : un monde étrange s'éleva autour de moi. D'un côté, je soupçonnai des secrets incompréhensibles à mon âge, une existence différente de la mienne, des plaisirs au-delà de mes jeux, des charmes d'une nature ignorée dans un sexe où je n'avais vu qu'une mère et des sœurs ; d'un autre côté, des spectres traînant des chaînes et vomissant des flammes m'annonçaient les supplices éternels pour un seul péché dissimulé. Je perdis le sommeil ; la nuit, je croyais voir tour à tour des mains noires et des mains blanches passer à travers mes rideaux : je vins à me figurer que ces dernières mains étaient maudites par la religion, et cette idée accrut mon épouvante des ombres infernales. Je cherchai en vain dans le ciel et dans l'enfer l'explication d'un double mystère. Frappé à la fois au moral et au physique, je luttais encore avec mon innocence contre les orages d'une passion prématurée et les terreurs de la superstition.

Dès lors je sentis s'échapper quelques étincelles de ce feu qui est la transmission de la vie. J'expliquais le quatrième livre de l'*Enéide* et lisais le *Télémaque* : tout à coup je découvris dans Didon et dans Eucharis des beautés qui me ravirent ; je devins sensible à l'harmonie de ces vers admirables et de cette prose antique. Je traduisis un jour à livre ouvert l'*Æneadum genitrix, hominum divûmque voluptas*[10] de Lucrèce avec tant de vivacité, que M. Egault m'arracha le poème et me jeta dans les racines grecques. Je dérobai un *Tibulle :* quand j'arrivai au *Quam iuvat immites ventos audire cubantem*[11], ces sentiments de volupté et de mélancolie semblèrent me révéler ma propre nature. Les volumes de Massillon qui contenaient les sermons de la *Pécheresse* et de l'*Enfant prodigue* ne me quittaient plus. On me les laissait feuilleter, car on ne se doutait guère de ce que j'y trouvais. Je volais de petits bouts de cierges dans la chapelle pour lire la nuit ces descriptions séduisantes des désordres de l'âme. Je m'endormais en balbutiant des phrases incohérentes, où je tâchais de mettre la douceur, le nombre et la grâce de l'écrivain qui a le mieux transporté dans la prose l'euphonie racinienne.

Si j'ai, dans la suite, peint avec quelque vérité les entraînements du cœur mêlés aux syndérèses chrétiennes, je suis persuadé que j'ai dû ce succès au hasard qui me fit connaître au même moment deux empires ennemis. Les ravages que porta dans mon imagination un mauvais livre, eurent leur correctif dans les frayeurs qu'un autre livre m'inspira, et celles-ci furent comme alanguies par les molles pensées que m'avaient laissées des tableaux sans voile.

1.4. POINTS DE VUE CONTEMPORAINS

◆ A. Gide, *Si le grain ne meurt*. Le premier problème est celui du choix des textes :

Mais le souvenir du cabinet de travail est resté lié surtout à celui des lectures que mon père m'y faisait. Il avait à ce sujet des idées très particulières, que n'avait pas épousées ma mère ; et souvent je les entendais tous deux discuter sur la nourriture qu'il convient de donner au cerveau d'un petit enfant.

Voici comment le père d'A. Gide le résolut :

La littérature enfantine ne présentait alors guère que des

---

10. Mère des fils d'Enée, volupté des hommes et des dieux. Lucrèce : *De natura rerum*, I, 1 ; **11.** Quel plaisir d'entendre souffler les vents sauvages tandis qu'on est au lit. Tibulle : *Elégies*, I, 1, vers 45.

inepties, et je pense qu'il eût souffert s'il avait vu entre mes mains tel livre qu'on y mit plus tard, de Mme de Ségur par exemple — où je pris, je l'avoue, et comme à peu près tous les enfants de ma génération, un plaisir assez vif, mais stupide — un plaisir non plus vif heureusement que celui que j'avais pris d'abord à écouter mon père me lire des scènes de Molière, des passages de l'*Odyssée*, la *Farce de Pathelin*, les aventures de Sindbad ou celles d'Ali-Baba et quelques bouffonneries de la comédie italienne, telles qu'elles sont rapportées dans les *Masques* de Maurice Sand, livre où j'admirais aussi les figures d'Arlequin, de Colombine, de Polichinelle ou de Pierrot, après que, par la voix de mon père, je les avais entendus dialoguer.

Le succès de ces lectures était tel, et mon père poussait si loin sa confiance, qu'il entreprit un jour le début du livre de Job.

A. Gide décrit l'effet que produisit sur lui le livre de Job.

Je ne jurerais pas, naturellement, que j'aie compris d'abord la pleine beauté du texte sacré ! Mais cette lecture, il est certain, fit sur moi l'impression la plus vive, aussi bien par la solennité du récit que par la gravité de la voix de mon père et l'expression du visage de ma mère, qui tour à tour gardait les yeux fermés pour marquer ou protéger son pieux recueillement, et ne les rouvrait que pour porter sur moi un regard chargé d'amour, d'interrogation et d'espoir.

◆ G. Duhamel (*Défense des Lettres*) situe la lecture par rapport aux autres moyens d'information ou aux arts. Il pose d'abord le principe :

La culture est fondée sur l'intelligence des phénomènes, des ouvrages et des êtres. Un esprit même vif et bien doué demeure toujours capable d'hésitation, de distraction, de stupeur momentanée, d'inhibition passagère. Un esprit même attentif a toujours besoin de *revenir* sur les données, les éléments, les arguments d'un exposé, d'un problème ou d'une discussion. L'acte de revenir en arrière, en vue d'une compréhension meilleure, s'appelle très exactement réflexion.

Puis il compare lecture, représentation théâtrale et concert.

L'homme qui lit s'arrête à toute minute et demande à réfléchir, c'est-à-dire qu'il souhaite de revenir sur ses pas, de reprendre un paragraphe et d'en refaire deux, trois, quatre, dix fois la lecture. Cette méthode est incompatible avec les arts dynamiques. Si nous entendons une symphonie dans un concert, si nous assistons à la représentation d'une tragédie, nous ne pouvons pas revenir en arrière. Le livre est là pour nous permettre une réflexion différée mais indispensable. Si l'ouvrage est de qualité, nous demandons à le relire, à revoir de près certains détails, à consulter la partition du musicien. Au concert, au spectacle, nous prenons un plaisir. Avec le livre, nous faisons acte de culture véritable.

Que valent radio et cinéma?

Je veux bien reconnaître qu'il est possible, si nous le voulons, de consulter un livre, soit après une audition de radio, soit après une représentation de cinéma. Je ne fonde quand même pas grand espoir sur cette possibilité. Le caractère torrentueux de la radio, son apparence de fleuve, voilà ce qui est tout à fait défavorable à la réflexion, c'est-à-dire à la culture véritable. La radio et le cinéma donnent trop de choses. On n'a jamais envie de contrôler, d'éprouver, de compléter et je dirai même de comprendre. On prend ce que l'on prend, au vol et au hasard. Ce que l'on ne prend pas, eh bien! on le laisse. Voilà qui n'est pas une formule de culture.

Et il conclut que « la faculté de choix est souverainement méprisée par les grands distributeurs modernes de vagues nourritures morales : cinéma et radio ». Culture et choix, réflexions sont indissolublement liés :

Les vrais amateurs de radio, les esprits simples, les gens qui, justement, ont besoin d'une culture, ceux qui commencent de dédaigner le livre pour se contenter du bruit, ceux en somme dont je plaide ici la cause et dont je défends les intérêts, ceux-là n'y regardent pas de si près. Ils ouvrent le robinet et ils boivent au petit bonheur. Ils absorbent tout pêle-mêle : la musique de Wagner, le jazz, la conférence politique, la publicité, l'heure sonore, le numéro de music-hall, les parasites et les miaulements des ondes folles.

Je dis ou plutôt je répète qu'un système de culture où la réflexion et le choix sont impossibles est précisément la négation de ce qu'on a, jusqu'ici, nommé la culture.

On discutera ce réquisitoire des moyens de culture autres que la lecture en tenant compte du fait que le texte de G. Duhamel date de 1937; on imaginera ce qu'il aurait pensé de la télévision et l'on s'efforcera de définir à quelles conditions les moyens audio-visuels non scolaires peuvent être culturels.

◆ Pour compléter, on se référera encore à Valéry, *Discours à Saint-Denis* (Bibliothèque de la Pléiade, I, pp. 1422 à 1426), et à Proust, *A la recherche du temps perdu* (Bibliothèque de la Pléiade, I, pp. 83 à 88).

2. « L'ART DE CONFÉRER »

2.1. L'ADMIRATION DE PASCAL POUR MONTAIGNE

On rapprochera le texte suivant, extrait de *l'Esprit géométrique* du chapitre VIII, livre III, des *Essais* :

Tous ceux qui disent les mêmes choses ne les possèdent pas de la même sorte; et c'est pourquoi l'incomparable auteur de l'*Art de conférer* s'arrête avec tant de soin à faire entendre qu'il ne faut pas juger de la capacité d'un homme par l'excellence d'un bon mot qu'on lui entend dire : mais, au lieu d'étendre l'admiration d'un bon discours à la personne, qu'on pénètre, dit-il, l'esprit d'où il sort; qu'on tente s'il le tient de sa mémoire ou d'un heureux hasard; qu'on le reçoive avec froideur et avec mépris, afin de voir s'il ressentira qu'on ne donne pas à ce qu'il dit l'estime que son prix mérite : on verra le plus souvent qu'on le lui fera désavouer sur l'heure, et qu'on le tirera bien loin de cette pensée meilleure qu'il ne croit, pour le jeter dans une autre toute basse et ridicule. Il faut donc sonder comme cette pensée est logée en son auteur; comment, par où, jusqu'où il la possède : autrement, le jugement précipité sera jugé téméraire.

2.2. LA ROCHEFOUCAULD

L'une des *Réflexions diverses* concerne la conversation; la voici dans la version Brotier :

Ce qui fait que peu de personnes sont agréables dans la conversation, c'est que chacun songe plus à ce qu'il a dessein de dire qu'à ce que les autres disent, et que l'on n'écoute guère quand on a bien envie de parler. Néanmoins il est nécessaire d'écouter ceux qui parlent; il faut leur donner le temps de se faire entendre, et souffrir même qu'ils disent des choses inutiles. Bien loin de les contredire et de les interrompre, on doit, au contraire, entrer dans leur esprit et dans leur goût, montrer qu'on les entend, louer ce qu'ils disent autant qu'il mérite d'être loué, et faire voir que c'est plutôt par choix qu'on les loue que par complaisance. Pour plaire aux autres, il faut parler de ce qu'ils aiment, et de ce qui les touche, éviter les disputes sur des choses indifférentes, leur faire rarement des questions, et ne leur laisser jamais croire qu'on prétend avoir plus de raison qu'eux.

On doit dire les choses d'un air plus ou moins sérieux, et sur des sujets plus ou moins relevés, selon l'humeur et la capacité des personnes que l'on entretient et leur céder aisément l'avantage de décider, sans les obliger de répondre, quand ils n'ont pas envie de parler. Après avoir satisfait de cette sorte aux devoirs de la politesse, on peut dire ses sentiments, en montrant qu'on cherche à les appuyer de l'avis de ceux qui écoutent, sans marquer de présomption ni d'opiniâtreté.
Evitons surtout de parler souvent de nous-mêmes et de nous donner pour exemple : rien n'est plus désagréable qu'un homme qui se cite lui-même à tout propos.

On ne peut aussi apporter trop d'application à connaître la pente et la portée de ceux à qui l'on parle, se joindre à l'esprit de celui qui en a le plus, sans blesser l'inclination ou l'intérêt des autres par cette préférence. Alors on doit faire valoir toutes les raisons qu'il a dites, ajoutant modestement nos propres pensées aux siennes, en lui faisant croire, autant qu'il est possible, que c'est de lui qu'on les prend.

Il ne faut jamais rien dire avec un air d'autorité, ni montrer aucune supériorité d'esprit ; fuyons les expressions trop recherchées, les termes durs ou forcés, et ne nous servons point de paroles plus grandes que les choses. Il n'est pas défendu de conserver ses opinions, si elles sont raisonnables ; mais il faut se rendre à la raison aussitôt qu'elle paraît, de quelque part qu'elle vienne : elle seule doit régner sur nos sentiments ; mais suivons-la sans heurter les sentiments des autres, et sans faire paraître du mépris de ce qu'ils ont dit. Il est dangereux de vouloir être toujours le maître de la conversation, et de pousser trop loin une bonne raison quand on l'a trouvée. L'honnêteté veut que l'on cache quelquefois la moitié de son esprit, et qu'on ménage un opiniâtre qui se défend mal, pour lui épargner la honte de céder. On déplaît sûrement quand on parle trop longtemps et trop souvent d'une même chose, et que l'on cherche à détourner la conversation sur des sujets dont on se croit plus instruit que les autres : il faut entrer indifféremment sur tout ce qui leur est agréable, s'y arrêter autant qu'ils le veulent, et s'éloigner de tout ce qui ne leur convient pas.

Toute sorte de conversation, quelque spirituelle qu'elle soit, n'est pas également propre à toutes sortes de gens d'esprit : il faut choisir ce qui est de leur goût, et ce qui est convenable à leur condition, à leur sexe, à leurs talents, et choisir même le temps de le dire. Observons le lieu, l'occasion, l'humeur où se trouvent les personnes qui nous écoutent, car s'il y a beaucoup d'art à savoir parler à propos, il n'y en a pas moins à savoir se taire. Il y a un silence éloquent qui sert à approuver et à condamner ; il y a un silence de discrétion et de respect ; il y a enfin des tons, des airs et des manières qui font tout ce qu'il y a d'agréable ou de désagréable, de délicat ou de choquant dans la conversation ; mais le secret de s'en bien servir est donné à peu de personnes ; ceux même qui en font des règles s'y méprennent souvent, et la plus sûre qu'on en puisse donner, c'est écouter beaucoup, parler peu, et ne rien dire dont on puisse avoir sujet de se repentir.

Un certain nombre de Maximes touchent également ce sujet (115, 116, 139, 142, 250, 421, entre autres).

2.3. AUTRES MORALISTES DU XVIIᵉ SIÈCLE

◆ Bouhours :

On a beau lire les bons livres, et voir le grand monde ; on ne fait rien, si la nature ne s'en mêle. Pour bien profiter de la lecture et de la conversation, il faut avoir du naturel pour la langue, beaucoup d'esprit, beaucoup de jugement et même beaucoup d'honnêteté : je prends ce mot dans un sens qu'on lui a donné depuis peu, et j'entends par honnêteté une certaine *politesse naturelle* qui fait que les honnêtes gens ne gardent pas moins de bienséances dans ce qu'ils disent, que dans ce qu'ils font. Ceux qui ont ces avantages n'ont pas besoin autant que les autres d'une longue étude pour avoir une connaissance parfaite de notre langue ; leur génie leur tient lieu de tout. Ils n'ont qu'à le suivre pour bien parler. Il se voit à la cour plusieurs personnes de ce caractère, qui sans avoir jamais beaucoup étudié la langue, parlent comme les maîtres, et peut-être mieux que les maîtres, avec le seul secours de la nature. Ils gardent exactement toutes les règles de l'art...

Il y en a qui, sans avoir presque étudié que le monde, ont tout ce qu'il faut pour réussir dans la conversation.

Le caractère de ces esprit-là est de parler bien, de parler facilement et de donner un tour plaisant à tout ce qu'ils disent. Ils font dans les rencontres des reparties fort ingénieuses ; ils ont toujours quelque question subtile à proposer, et quelque joli conte à faire pour animer la conversation ou pour la réveiller, quand elle commence à languir. Pour peu qu'on les excite, ils disent mille choses surprenantes ; ils savent surtout l'art de badiner avec esprit, et de railler finement dans les conversations enjouées ; mais ils ne laissent pas de se bien tirer des conversations sérieuses ; ils raisonnent juste sur toutes les matières qu'ils se proposent, et parlent toujours de bon sens...

Pour l'*esprit de conversation,* comme c'est un esprit naturel, ennemi du travail et de la contrainte, il n'y a rien de plus opposé à l'étude et aux affaires : aussi nous voyons que ceux qui ont ce talent sont pour l'ordinaire des gens oisifs, dont le principal emploi est de rendre et de recevoir des visites.

De sorte qu'à examiner les choses à fond, il semble que ces divers esprits soient incompatibles, et qu'ils demandent même des dispositions naturelles tout à fait contraires...

Quoi qu'il semble, dit alors Ariste, que le bel esprit soit différent selon les différents caractères que vous venez de marquer, il est cependant le même partout ; car il est né à toutes choses et a en soi de quoi réussir en tout ce qu'il veut entreprendre.

La diversité qui paraît dans les esprits, vient moins du fond des esprits que des matières où ils s'exercent. Les grands hommes qui excellent en de certaines choses, parce qu'ils s'y sont appliqués dans leur jeunesse, auraient peut-être réussi également dans les autres, s'ils y avaient apporté autant de soin et d'application. Le hasard qui se mêle de la conduite des hommes, et qui a souvent la meilleur part à la profession qu'ils embrassent, fait pour l'ordinaire cette différence que nous voyons parmi les esprits.

...On a beau être bien fait, spirituel, enjoué, si le « je ne sais quoi » manque, toutes ces belles qualités sont comme mortes...

Ce sont des hameçons sans amorce et sans appât, des flèches et des traits sans pointe.

Quand les dames veulent paraître comme à l'envi dans une grande assemblée, vous savez qu'elles s'ajustent pour plaire plutôt que pour éblouir... Je trouve que l'*éloquence* qui pense bien et qui s'exprime mal est à peu près comme une belle femme mal ajustée ou dans un habit négligé, et que celle qui se fait peu considérer du côté de l'esprit, mais qui se sert du langage adroitement, représente une femme médiocrement belle, mais qu'on trouve toujours parée ; et ce grand soin ne fait pas qu'on en soit charmé !

◆ La Mothe Le Vayer :

La principale règle que vous devez garder, en toute sorte de compagnies, c'est de parler peu et de vous tenir même dans le silence en celles où vous serez le plus jeune, si vous n'êtes contraint parfois d'en user autrement par les lois de la civilité.

{ ◆ On se reportera aussi aux *Caractères* de La Bruyère (en particulier, Arrias, Acis, Théodecte).

2.4. VAUVENARGUES, *ESSAI SUR QUELQUES CARACTÈRES*

L'homme du monde n'est pas celui qui connaît le mieux les autres hommes, qui a le plus de prévoyance ou de dextérité dans les affaires, qui est le plus instruit par l'expérience ou par l'étude ; ce n'est ni un bon économe, ni un savant, ni un politique, ni un officier éclairé, ni un magistrat laborieux, c'est un homme qui n'ignore rien, mais qui ne sait rien ; qui, faisant mal son métier, quel qu'il soit, se croit très capable de celui des autres : un homme qui a beaucoup d'esprit inutile, qui sait dire des choses flatteuses qui ne flattent point, des choses sensées qui n'instruisent point, qui ne peut persuader personne, quoiqu'il parle bien, doué de cette sorte d'éloquence qui sait créer et relever les bagatelles, et qui anéantit les grands sujets ; aussi pénétrant sur le ridicule et sur le dehors des hommes qu'il est aveugle sur le fond de leur esprit ; un homme riche en paroles et en extérieur, qui ne pouvant primer par le bon sens, s'efforce de paraître par singularité ; qui, craignant de peser par la raison, pèse par son inconséquence et ses écarts ; plaisant sans gaîté, vif sans passions ; qui a besoin de changer sans cesse de lieux et d'objets, et ne peut suppléer par la variété de ses amusements le défaut de son propre fonds. Si plusieurs personnes de ce caractère se rencontrent ensemble, et qu'on ne puisse pas arranger une partie, ces hommes, qui ont tant d'esprit, n'en ont pas assez pour soutenir une demi-heure de conversation, même avec des femmes, et ne pas s'ennuyer d'abord les uns des autres. Tous les faits, toutes les nouvelles, toutes les plaisanteries, toutes les réflexions, sont épuisées en un moment. Celui qui n'est pas employé à un quadrille ou à un quinze, est obligé de se tenir assis auprès de ceux qui jouent pour ne pas se trouver vis-à-vis d'un autre homme qui est auprès du feu, et auquel il n'a rien à dire. Tous ces gens aimables qui ont banni la raison de leurs discours, font assez voir qu'on ne peut s'en passer : le faux peut fournir quelques discours qui piquent la surface de l'esprit ; mais il n'y a que le vrai qui pénètre le cœur, qui intéresse et qui ne s'épuise jamais.

En utilisant ces différents textes, on dégagera les différentes conceptions que se faisaient ces moralistes de l'art de conférer ; on s'efforcera de voir dans quelle mesure ils procèdent de Montaigne et contribuent ainsi à justifier l'opinion que professait Pascal sur l'auteur des *Essais* à ce point de vue.

3. LES VOYAGES, THÈME LITTÉRAIRE

3.1. TEXTES COMPLÉMENTAIRES DE MONTAIGNE

◆ *Journal de voyage* :

Je crois à la vérité que, s'il eût été seul avec les siens, il fût allé plutôt à Cracovie ou vers la Grèce par terre, que de prendre le tour vers l'Italie ; mais le plaisir qu'il prenait à visiter les pays inconnus, lequel il trouvait si doux que d'en oublier la faiblesse de son âge et de sa santé, il ne le pouvait imprimer à nul de la troupe, chacun ne demandant que la retraite. Là où il avait accoutumé de dire qu'après avoir passé une nuit inquiète, quand au matin il venait à se souvenir qu'il avait à voir ou une ville ou une nouvelle contrée, il se levait avec désir et allégresse. Je ne le vis jamais moins las ni moins se plaignant de ses douleurs, ayant l'esprit, et par chemin et en logis, si tendu à ce qu'il rencontrait, et recherchant toutes occasions d'entretenir les étrangers, que je crois que cela amusait son mal. Quand on se plaignait à lui de ce qu'il conduisait souvent la troupe par chemins divers et contrées, revenant souvent bien près d'où il était parti (ce qu'il faisait, ou recevant l'avertissement de quelque chose digne de voir, ou changeant d'avis selon les occasions), il répondait qu'il n'allait, quant à lui, en nul lieu que là où il se trouvait ; et qu'il ne pouvait faillir ni tordre sa voie, n'ayant nul projet que de se promener par des lieux inconnus, et, pourvu qu'on ne le vît pas retomber sur même voie et revoir deux fois même lieu, qu'il ne faisait faute à son dessein. Et quant à Rome, où les autres visaient, il la désirait d'autant moins voir que les autres lieux qu'elle était connue d'un chacun, et qu'il n'avait laquais qui ne leur pût dire nouvelles de Florence et de Ferrare. Il disait aussi qu'il lui semblait être à même ceux qui lisent quelque fort plaisant conte, d'où il leur prend crainte qu'il vienne bientôt à finir, ou un beau livre : lui, de même, prenait si grand plaisir à voyager qu'il haïssait le voisinage du lieu où il se dût reposer, et proposait plusieurs desseins de voyager à son aise, s'il pouvait se rendre seul.

M. de Montaigne disait « qu'il s'était toute sa vie méfié du jugement d'autrui sur le discours des commodités des pays étrangers, chacun ne sachant goûter que selon l'ordonnance de sa coutume et de l'usage de son village et avait fait fort peu d'état des avertissements que les voyageurs lui donnaient ; mais en ce lieu il s'émerveillait encore plus de leur bêtise, ayant, et notamment en ce voyage, ouï dire que l'entre-deux des Alpes en cet endroit était plein de difficultés, les mœurs des hommes étranges, chemins inaccessibles, logis sauvages, l'air insupportable. Quant à l'air, il remerciait Dieu de l'avoir trouvé si doux, car il inclinait plutôt sur trop de chaud que de froid, et en tout ce voyage jusque lors n'avions eu que trois jours de froid, et de pluie environ une heure, mais que du demeurant s'il avait à promener sa fille, qui n'a que huit ans, il l'aimerait autant en ce chemin qu'en une allée de son jardin ; et quant aux logis, il ne vit jamais contrée où ils fussent si drus semés et si beaux, ayant toujours logé dans belles villes bien fournies de vivres, de vins et à meilleure raison qu'ailleurs... »

◆ Les *Essais* (III, ix, De la vanité) :

Je ne veux pas oublier ceci, que je ne mutine jamais tant contre la France que je ne regarde Paris de bon œil : elle a mon cœur dès mon enfance. Et m'en est advenu comme des choses excellentes : plus j'ai vu depuis d'autres villes belles, plus la beauté de celle-ci gagne sur mon affection. Je l'aime par elle-même, et plus en son être seul que rechargée de pompe étrangère. Je l'aime tendrement, jusques à ses verrues et à ses taches. Je ne suis français que par cette grande cité ;

grande en peuples, grande en félicité de son assiette, mais surtout grande et incomparable en variété et diversité de commodités, la gloire de la France, et l'un des plus nobles ornements
du monde. Dieu en chasse loin nos divisions! Entière et unie,
je la trouve défendue de toute autre violence. Je l'avise que de
tous les partis le pire sera celui qui la mettra en discorde.
Et ne crains pour elle qu'elle-même. Et crains pour elle autant
certes que pour autre pièce de cet état. Tant qu'elle durera,
je n'aurai faute de retraite où rendre mes abois[12], suffisante à
me faire perdre le regret de toute autre retraite.

3.2. J.-J. ROUSSEAU ET LES VOYAGES (*LES CONFES-SIONS*, IV)

◆ La chose que je regrette le plus dans les détails de ma vie
dont j'ai perdu la mémoire est de n'avoir pas fait des journaux
de mes voyages. Jamais je n'ai tant pensé, tant existé, tant
vécu, tant été moi, si j'ose ainsi dire, que dans ceux que j'ai
faits seul et à pied. La marche a quelque chose qui anime et
avive mes idées : je ne puis presque penser quand je reste
en place; il faut que mon corps soit en branle pour y mettre
mon esprit. La vue de la campagne, la succession des aspects
agréables, le grand air, le grand appétit, la bonne santé que je
gagne en marchant, la liberté du cabaret, l'éloignement de tout
ce qui me fait sentir ma dépendance, de tout ce qui me rap-
pelle à ma situation, tout cela dégage mon âme, me donne
une plus grande audace de penser, me jette en quelque sorte
dans l'immensité des êtres pour les combiner, les choisir, me
les approprier à mon gré sans gêne et sans crainte. Je dispose
en maître de la nature entière; mon cœur errant d'objet en
objet s'unit, s'identifie à ceux qui le flattent, s'entoure d'images
charmantes, s'enivre de sentiments délicieux. Si pour les fixer
je m'amuse à les décrire en moi-même, quelle vigueur de pin-
ceau, quelle fraîcheur de coloris, quelle énergie d'expression
je leur donne! On a, dit-on, trouvé de tout cela dans mes
ouvrages, quoique écrits vers le déclin de mes ans. Oh! si l'on
eût vu ceux de ma première jeunesse, ceux que j'ai faits durant
mes voyages, ceux que j'ai composés et que je n'ai jamais
écrits!... Pourquoi, direz-vous, ne les pas écrire? Et pourquoi
les écrire, vous répondrai-je. Pourquoi m'ôter le charme
actuel de la jouissance pour dire à d'autres que j'avais joui?
Que m'importaient des lecteurs, un public et toute la terre,
tandis que je planais dans le Ciel? D'ailleurs portais-je avec
moi du papier, des plumes? Si j'avais pensé à tout cela rien
ne me serait venu. Je ne prévoyais pas que j'aurais des idées;

---

12. *Rendre mes abois* : mourir.

elles viennent quand il leur plaît, non quand il me plaît. Elles ne viennent point, ou elles viennent en foule, elles m'accablent de leur nombre et de leur force. Dix volumes par jour n'auraient pas suffi. Où prendre du temps pour les écrire ? En arrivant je ne songeais qu'à bien dîner. En partant je ne songeais qu'à bien marcher. Je sentais qu'un nouveau paradis m'attendait à la porte ; je ne songeais qu'à l'aller chercher.

3.3. DEUX POINTS DE VUE

◆ Sénèque, *Lettres à Lucilius*, XXVIII, 2 :

Quel réconfort attendre de la nouveauté des sites, de la connaissance des villes ou des endroits ? Cela ne mène à rien de ballotter ainsi ? Tu demandes pourquoi tu ne sens pas dans ta fuite un soulagement ? Tu fuis avec toi. Il te faut déposer ce qui fait poids sur ton âme : aucun lieu jusque-là ne te donnera du plaisir.

◆ Alain, *Propos sur le bonheur* :

Pour mon goût, voyager c'est faire un mètre ou deux, s'arrêter et regarder de nouveau un même aspect des mêmes choses. Souvent, aller s'asseoir un peu à droite ou à gauche, cela change tout, et bien mieux que si je fais cent kilomètres. Si je vais de torrent en torrent, je trouve toujours le même torrent. Mais si je vais de rocher en rocher, le même torrent devient autre à chaque pas. Et si je reviens à une chose déjà vue, en vérité elle ne saisit plus que si elle était nouvelle, et réellement, elle est nouvelle. Il ne s'agit que de choisir un spectacle varié et riche, afin de ne pas s'endormir dans la coutume. Encore faut-il dire qu'à mesure que l'on sait mieux voir, un spectacle quelconque enferme des joies inépuisables. Et puis de partout on peut voir le ciel étoilé.

> Comment se révèlent les personnalités à travers ce thème ? Avantages du fait de voyager sur le plan de la formation d'esprit, pour la sensibilité. Les voyages dans le monde actuel : importance quantitative ; motifs des déplacements ; profit retiré en fonction de leur organisation et de la publicité qui pousse au déplacement.

4. LA DÉCOUVERTE DU NOUVEAU MONDE

4.1. QUELQUES TÉMOIGNAGES DIRECTS

◆ *Journal de bord* de Christophe Colomb.

Colomb vient d'indiquer qu'après avoir trouvé, flottant, quelques bambous, bâtons, et autres instruments attestant la présence humaine à proximité, on crut voir la terre sans en être assuré. Voici un trait qui marque l'importance attachée à la terre :

Ce pourquoi, quand les hommes dirent le *Salve Regina* que tous les marins ont coutume de réciter et de chanter à leur façon, et que tous firent silence, l'Amiral leur demanda et leur conseilla de faire bonne garde sur le château de proue et de faire attention à l'apparition de la terre, et au premier qui lui dirait qu'il voyait la terre, il ferait don tout de suite d'une veste de soie, sans préjudice des autres récompenses que les Souverains avaient promises, c'est-à-dire de dix mille maravédis[13] de pension perpétuelle.

Le débarquement nous est ainsi décrit :

A 2 heures du matin apparut la terre dont ils étaient éloignés d'environ deux lieues. Ils carguèrent toutes les voiles et avancèrent seulement avec la grande, et ils se mirent en panne, attendant jusqu'au lever du jour du vendredi, lorsqu'ils arrivèrent devant une petite île des Lucaie[14] que, dans la langue des Indiens, on appelle *Guanahani*.

Ils virent des gens nus et l'Amiral se rendit à terre avec la barque armée, en compagnie de Martin Alonzo Pinzon et de Vincente Yañez son frère, qui était capitaine de la *Niña*. L'Amiral déploya la bannière royale et les deux capitaines portaient deux bannières avec la croix verte que l'Amiral tenait sur tous les navires comme insignes et qui avaient un F et un Y[15] et au-dessus de chaque lettre une couronne.

Le premier contact avec les indigènes est raconté par Colomb lui-même :

Moi, dit-il, dès que j'eus reconnu que c'était une race qui se serait sauvée et convertie à notre sainte religion plus par la douceur que par la force, je fis cadeau à quelques-uns de ces hommes, dans le but d'en faire des amis, de quelques bérets rouges et colliers de verre qu'ils se passaient au cou et d'autres petites choses de peu de valeur dont ils eurent beaucoup de plaisir ; et ils devinrent si bien nos amis que c'en était une merveille. Puis, ils venaient ensuite en nageant vers les barques des navires dans lesquelles nous étions, et y apportaient des perroquets, des fils de coton en pelotes, des sagaies et d'autres choses qu'ils échangeaient avec d'autres que nous leur donnions, tels des perles de verre et des grelots.

Colomb décrit enfin les indigènes eux-mêmes :

Tous ceux que je vis étaient très jeunes, au point qu'il n'y en avait pas un qui eût plus de trente ans, et ils sont tous assez bien faits, très beaux de corps et de physionomie agréable. Ils ont les cheveux épais, presque comme des crins

13. Petite monnaie de billon et d'argent dont la valeur est difficile à déterminer ; 14. Iles Lucayes ou Bahamas ; 15. Initiales des deux souverains : Fernando, Ysabel.

de chevaux, courts et retombant sur les cils, sauf quelques touffes qu'ils rejettent en arrière et qu'ils conservent longues sans jamais les raccourcir. Quelques-uns se peignent en gris (et ceux-ci sont de la couleur des Canariens[16], ni noirs ni blancs), d'autres en blanc ou en rouge ou en une autre couleur ; les uns se peignent le visage, d'autres tout le corps, ou seulement les yeux, ou seulement le nez. [...] Dans cette île je n'ai vu d'animaux d'aucune espèce, sauf des perroquets.

Diaz del Castillo (*Histoire véridique de la conquête de la Nouvelle-Espagne*).

Lieutenant de Cortès, qui entreprit pour Charles Quint la conquête du Mexique ; le chroniqueur nous raconte dans ce passage un épisode de la lutte contre les Aztèques. Tout d'abord, Diaz del Castillo décrit le piège tendu aux Espagnols.

[Trois Indiens alliés des Espagnols] dirent secrètement à Cortès que, tout près de l'endroit où nous étions logés, ils avaient découvert des tranchées pratiquées dans les rues, recouvertes avec du bois et de la terre et tellement arrangées qu'il était impossible de les apercevoir si l'on n'y portait beaucoup d'attention ; qu'ayant pris soin d'écarter la terre qui couvrait une de ces tranchées, ils y avaient aperçu des pieux très bien aiguisés pour faire périr les chevaux qui viendraient tomber dessus ; que toutes les terrasses des maisons étaient garnies de pierres et de parapets construits en briques séchées au soleil ; que certainement les habitants s'étaient bien préparés, parce que dans une autre rue on avait vu des palissades faites de gros madriers.

Un autre groupe d'Indiens alliés avertit Cortès :

« Fais attention, Malinche[17] ; cette ville est fort mal disposée, car nous savons que cette nuit on a sacrifié à l'idole de la guerre sept personnes, dont cinq enfants, pour obtenir la victoire contre vous. Nous avons vu aussi que les habitants font sortir leurs biens avec leurs femmes et leurs enfants. »

La réaction de Cortès consiste d'abord à s'informer des raisons de la trahison dont sa troupe est l'objet :

Notre chef, à cheval, avec doña Marina à ses côtés, demanda alors aux caciques et aux papes comment il se faisait qu'ils eussent voulu nous massacrer la nuit dernière sans que nous leur eussions causé aucun mal ; que pour nous attirer ces trahisons nous n'avions pas fait autre chose que ce qui était notre coutume dans tous les endroits où nous passions :

---

16. Habitants des îles Canaries ; les Espagnols avaient occupé ces îles en 1479 et y avaient trouvé une population formée par les Guanches, apparentés aux Berbères ; 17. Les Indiens appelaient Cortès de ce nom de *Malinche* qui veut dire le capitaine de Marina parce que l'interprète était doña Marina.

leur recommander de ne plus être de méchantes gens, de ne plus sacrifier des hommes, de ne pas adorer leurs idoles, de ne point manger la chair de leurs semblables.

Puis il passe à la vengeance :

Les papes, les caciques et les capitaines répondirent que ce qu'ils venaient d'entendre était la vérité, mais qu'ils n'étaient nullement responsables de ce dont on les accusait, parce que l'ordre leur en avait été donné par les ambassadeurs, d'après les instructions de Montezuma lui-même. Cortès leur dit alors que les lois de notre pays exigeaient que de pareilles trahisons ne restassent pas sans châtiment et que le crime qu'ils avaient commis méritait la mort.

A peine avait-il prononcé ces paroles, qu'il donna l'ordre de tirer un coup d'escopette. C'était le signal convenu. On tomba donc sur eux et on leur donna une leçon qui ne pourra jamais s'oublier dans le pays, car on en tua un grand nombre, et d'autres furent brûlés vivants, sans que les promesses de leurs faux dieux pussent leur être d'aucun secours.

4.2. LE XVIIIᵉ SIÈCLE ET LE PROBLÈME DE L'ESCLAVAGE

◆ Montesquieu, *De l'esprit des lois* (xv, 5) :

Si j'avais à soutenir le droit que nous avons eu de rendre les Nègres esclaves, voici ce que je dirais :

Les peuples d'Europe ayant exterminé ceux de l'Amérique, ils ont dû mettre en esclavage ceux de l'Afrique, pour s'en servir à défricher tant de terres.

Le sucre serait trop cher, si l'on ne faisait travailler la plante qui le produit par des esclaves.

Ceux dont il s'agit sont noirs depuis les pieds jusqu'à la tête ; et ils ont le nez si écrasé qu'il est presque impossible de les plaindre.

On ne peut se mettre dans l'idée que Dieu, qui est un être très sage, ait mis une âme, surtout une âme bonne, dans un corps tout noir.

Il est si naturel de penser que c'est la couleur qui constitue l'essence de l'humanité, que les peuples d'Asie, qui font des eunuques, privent toujours les Noirs du rapport qu'ils ont avec nous d'une façon plus marquée.

On peut juger de la couleur de la peau par celle des cheveux, qui, chez les Egyptiens, les meilleurs philosophes du monde, étaient d'une si grande conséquence, qu'ils faisaient mourir tous les hommes roux qui leur tombaient entre les mains.

Une preuve que les Nègres n'ont pas le sens commun, c'est qu'ils font plus de cas d'un collier de verre que de l'or, qui, chez des nations policées, est d'une si grande conséquence.

Il est impossible que nous supposions que ces gens-là soient

des hommes ; parce que, si nous les supposons des hommes,
on commencerait à croire que nous ne sommes pas nous-
mêmes chrétiens.

De petits esprits exagèrent trop l'injustice que l'on fait aux
Africains. Car, si elle était telle qu'ils le disent, ne serait-il
pas venu dans la tête des princes d'Europe, qui font entre eux
tant de conventions inutiles, d'en faire une générale en faveur
de la miséricorde et de la pitié ?

◆ Voltaire, *Candide* (XIX) :

En approchant de la ville, ils rencontrèrent un Nègre étendu
par terre, n'ayant plus que la moitié de son habit, c'est-à-dire
d'un caleçon de toile bleue ; il manquait à ce pauvre homme
la jambe gauche et la main droite. « Eh ! mon Dieu ! lui dit
Candide en hollandais, que fais-tu là, mon ami, dans l'état
horrible où je te vois ? — J'attends mon maître, M. Vanderdendur, le fameux négociant, répondit le Nègre. — Est-ce
M. Vanderdendur, dit Candide, qui t'a traité ainsi ? — Oui,
monsieur, dit le Nègre, c'est l'usage. On nous donne un caleçon de toile pour tout vêtement deux fois l'année. Quand
nous travaillons aux sucreries, et que la meule nous attrape
le doigt, on nous coupe la main ; quand nous voulons nous
enfuir, on nous coupe la jambe : je me suis trouvé dans les
deux cas. C'est à ce prix que vous mangez du sucre en Europe.

◆ Marivaux, *l'Ile des Esclaves,* scène II :

TRIVELIN. — Ne m'interrompez point, mes enfants. Je pense
donc que vous savez qui nous sommes. Quand nos pères,
irrités de la cruauté de leurs maîtres, quittèrent la Grèce et
vinrent s'établir ici, le ressentiment des outrages qu'ils
avaient reçus de leurs patrons, la première loi qu'ils y firent
fut d'ôter la vie à tous les maîtres que le hasard ou le nau-
frage conduirait dans leur île, et conséquemment de rendre la
liberté à tous les esclaves ; la vengeance avait dicté cette loi ;
vingt ans après la raison l'abolit, et en dicta une plus douce.
Nous ne nous vengeons plus de vous, nous vous corrigeons ;
ce n'est plus votre vie que nous poursuivons, c'est la barbarie
de vos cœurs que nous voulons détruire ; nous vous jetons
dans l'esclavage pour vous rendre sensibles aux maux qu'on
y éprouve ; nous vous humilions afin que, nous trouvant
superbes, vous vous reprochiez de l'avoir été. Votre esclavage, ou plutôt votre cours d'humanité, dure trois ans, au
bout desquels on vous renvoie si vos maîtres sont contents
de vos progrès ; et, si vous ne devenez pas meilleurs, nous vous
retenons par charité pour les nouveaux malheureux que vous
iriez faire encore ailleurs, et, par bonté pour vous, nous vous
marions avec une de nos citoyennes. Ce sont là nos lois à cet
égard ; mettez à profit leur rigueur salutaire, remerciez le sort

qui vous conduit ici ; il vous remet en nos mains durs, injustes et superbes ; vous voilà en mauvais état, nous entreprenons de vous guérir ; vous êtes moins nos esclaves que nos malades, et nous ne prenons que trois ans pour vous rendre sains, c'est-à-dire humains, raisonnables et généreux pour toute votre vie.

4.3. TEXTE COMPLÉMENTAIRE DE MONTAIGNE : I, XXXI, *DES CANNIBALES*

J'ai eu longtemps avec moi un homme qui avait demeuré dix ou douze ans en cet autre monde qui a été découvert en notre siècle... Cet homme que j'avais était homme simple et grossier, qui est une condition propre à rendre véritable témoignage, car les fines gens remarquent bien plus curieusement et plus de choses, mais ils les glosent, et pour faire valoir leur interprétation et la persuader, ils ne se peuvent garder d'altérer un peu l'histoire [...].

Or, je trouve, pour revenir à mon propos, qu'il n'y a rien de barbare et de sauvage en cette nation, à ce qu'on m'en a rapporté, sinon que chacun appelle barbarie ce qui n'est pas de son usage. Comme de vrai nous n'avons autre mire de la vérité et de la raison que l'exemple et idée des opinions et usances du pays où nous sommes, là est toujours la parfaite religion, la parfaite police, parfait et accompli usage de toutes choses. Ils sont sauvages, de même que nous appelons sauvages les fruits que nature de soi et de son progrès ordinaire a produits, tandis qu'à la vérité ce sont ceux que nous avons altérés par notre artifice et détournés de l'ordre commun que nous devrions appeler plutôt sauvages. En ceux-là sont vives et vigoureuses les vraies et plus utiles et naturelles vertus et propriétés, lesquelles nous avons abâtardies en ceux-ci, les accommodant au plaisir de notre goût corrompu ; et si pourtant, la saveur même et délicatesse se trouve, à notre goût même, excellente, à l'envi des nôtres en divers fruits de ces contrées-là, sans culture.

Ce n'est pas raison que l'art gagne le point d'honneur sur notre grande et puissante mère nature. Nous avons tant rechargé la beauté et richesse de ses ouvrages par nos inventions, que nous l'avons du tout étouffée ; si est-ce que, partout où sa pureté reluit, elle fait une merveilleuse honte à nos vaines et frivoles entreprises.

> Et veniunt hederae sponte sua melius ;
> Surgit et in solis formosior arbutus antris ;
> Et volucres nulla dulcius arte canunt[18].

---

18. « Le lierre vient bien mieux quand il vient de lui-même, l'arbousier pousse plus beau dans les coins solitaires, et, sans art, le chant des oiseaux n'en est que plus doux. » (Properce, I, II, 10.)

Tous nos efforts ne peuvent seulement arriver à représenter le nid du moindre oiselet, sa contexture, sa beauté et l'utilité de son usage, non pas la tissure de la chétive araignée.

Toutes choses, dit Platon, sont produites ou par la nature ou par la fortune, ou par l'art ; les plus grandes et plus belles, par l'une ou l'autre des deux premières ; les moindres et imparfaites, par la dernière.

Ces nations me semblent donc ainsi barbares pour avoir reçu fort peu de façon de l'esprit humain et être encore fort voisines de leur naïveté originelle. Les lois naturelles leur commandent encore, fort peu abâtardies par les nôtres, mais c'est en telle pureté qu'il me prend quelquefois déplaisir de quoi la connaissance n'en soit venue plus tôt, du temps qu'il y avait des hommes qui en eussent su mieux juger que nous. Il me déplaît que Lycurgus et Platon ne l'aient eue, car il me semble que ce que nous voyons par expérience en ces nations-là surpasse non seulement toutes les peintures de quoi la poésie a embelli l'âge doré, et toutes ses inventions à feindre une heureuse condition d'hommes, mais encore la conception et le désir même de la philosophie. Ils n'ont pu imaginer une naïveté si pure et si simple, comme nous la voyons par expérience, ni n'ont pu croire que notre société se peut maintenir avec si peu d'artifice et de soudure humaine. C'est une nation, dirais-je à Platon, en laquelle il n'y a aucune espèce de trafic ; nulle connaissance de lettres ; nulle science de nombres ; nul nom de magistrat ni de supériorité politique ; nul usage de service, de richesse, ou de pauvreté ; nuls contrats ; nulles successions ; nuls partages ; nulles occupations qu'oisives ; nul respect de parenté que commun ; nuls vêtements ; nulle agriculture ; nul métal ; nul usage de vin ou de blé. Les paroles mêmes qui signifient le mensonge, la trahison, la dissimulation, l'avarice, l'envie, la détraction, le pardon, inouïes. Combien trouverait-il la république qu'il a imaginée, éloignée de cette perfection [...].

Nous les pouvons donc bien appeler barbares, eu égard aux règles de la raison, mais non pas eu égard à nous, qui les surpassons en toute sorte de barbarie. Leur guerre est toute noble et généreuse, et a autant d'excuse et de beauté que cette maladie humaine en peut recevoir : elle n'a autre fondement parmi eux que la seule jalousie de la vertu. Ils ne sont pas en débat de la conquête de nouvelles terres, car ils jouissent encore de cette liberté naturelle qui les fournit sans travail et sans peine de toutes choses nécessaires, en telle abondance qu'ils n'ont que faire d'agrandir leurs limites. Ils sont encore en cet heureux point, de ne désirer qu'autant que leurs nécessités naturelles leur ordonnent ; tout ce qui est au-delà est superflu pour eux. [...]

Trois d'entre eux, ignorant combien coûtera un jour à leur repos et à leur bonheur la connaissance des corruptions de deçà, et que de ce commerce naîtra leur ruine, comme je présuppose qu'elle soit déjà avancée, bien misérables de s'être laissés piper au désir de la nouvelleté, et avoir quitté la douceur de leur ciel pour venir voir le nôtre, furent à Rouen du temps que le feu roi Charles neuvième y était. Le roi parla à eux longtemps; on leur fit voir notre façon, notre pompe, la forme d'une belle ville. Après cela quelqu'un en demanda leur avis, et voulut savoir d'eux ce qu'ils y avaient trouvé de plus admirable; ils répondirent trois choses d'où j'ai perdu la troisième, et en suis bien marri; mais j'en ai encore deux en mémoire. Ils dirent qu'ils trouvaient en premier lieu fort étrange que tant de grands hommes, portant barbe, forts et armés, qui étaient autour du roi (il est vraisemblable qu'ils parlaient des Suisses de sa garde), se soumissent à obéir à un enfant, et qu'on ne choisissait plutôt quelqu'un d'entre eux pour commander; secondement (ils ont une façon de leur langage telle qu'ils nomment les hommes moitié les uns des autres) qu'ils avaient aperçu qu'il y avait parmi nous des hommes pleins et gorgés de toutes sortes de commodités*, et que leurs moitiés étaient mendiant à leurs portes, décharnés de faim et de pauvreté; et trouvaient étrange comme ces moitiés ici nécessiteuses pouvaient souffrir une telle injustice, qu'ils ne prissent les autres à la gorge, ou missent le feu à leurs maisons.

Je parlai à l'un d'eux fort longtemps; mais j'avais un truchement qui me suivait si mal et qui était si empêché à recevoir mes imaginations par sa bêtise, que je n'en pus tirer guère de plaisir. Sur ce que je lui demandai quel fruit il recevait de la supériorité qu'il avait parmi les siens (car s'était un capitaine, et nos matelots le nommaient roi), il me dit que c'était marcher le premier à la guerre; de combien d'hommes il était suivi, il me montra une espace de lieu, pour signifier que c'était autant qu'il en pourrait en une telle espace : ce pouvait être quatre ou cinq mille hommes; si, hors la guerre, toute son autorité était expirée, il dit qu'il lui en restait cela que, quand il visitait les villages qui dépendaient de lui, on lui dressait des sentiers au travers des haies de leur bois, par où il pût passer bien à l'aise.

Tout cela ne va pas trop mal; mais quoi, ils ne portent point de hauts-de-chausses.

> On pourra, à partir de ces textes et en complétant par des textes plus récents, étudier les problèmes de la colonisation, de l'esclavage, des sociétés dites « primitives » et des relations entre les Européens et les indigènes des pays « primitifs » au

fil de l'histoire. — Exotisme et littérature : autre thème
possible.

5. LES PROBLÈMES POLITIQUES

5.1. LA COUTUME ET LES LOIS

On confrontera l'attitude de Montaigne, telle qu'elle se dégage
notamment des *Essais*, I, 23, avec les textes suivants.

◆ Pascal, PENSÉES (respectivement nos 7, 62, 194, 240, 241, 254
de l'édition Lafuma) :

Car il ne faut pas se méconnaître : nous sommes automate
autant qu'esprit ; et de là vient que l'instrument par lequel la
persuasion se fait n'est pas la seule démonstration. Combien
y a-t-il peu de choses démontrées! Les preuves ne
convainquent que l'esprit. La coutume fait nos preuves les
plus fortes et les plus crues ; elle incline l'automate, qui
entraîne l'esprit sans qu'il y pense. Qui a démontré qu'il sera
demain jour, et que nous mourrons? Et qu'y a-t-il de plus
cru? C'est donc la coutume qui nous en persuade ; c'est elle
qui fait tant de chrétiens, c'est elle qui fait les Turcs, les
païens, les métiers, les soldats, etc. (Il y a la foi reçue dans le
baptême aux Chrétiens de plus qu'aux païens.) Enfin il faut
avoir recours à elle quand une fois l'esprit a vu où est la
vérité, afin de nous abreuver et nous teindre de cette créance,
qui nous échappe à toute heure ; car d'en avoir toujours les
preuves présentes, c'est trop d'affaire. Il faut acquérir une
créance plus facile, qui est celle de l'habitude, qui, sans violence, sans art, sans argument, nous fait croire les choses, et
incline toutes nos puissances à cette croyance, en sorte que
notre âme y tombe naturellement. Quand on ne croit que par
la force de la conviction, et que l'automate est incliné à croire
le contraire, ce n'est pas assez. Il faut donc faire croire nos
deux pièces : l'esprit, par les raisons, qu'il suffit d'avoir vues
une fois en sa vie ; et l'automate, par la coutume, et en ne
lui permettant pas de s'incliner au contraire. *Inclina cor
meum, Deus*[19].

La raison agit avec lenteur, et avec tant de vues, sur tant de
principes, lesquels il faut qu'ils soient toujours présents, qu'à
toute heure elle s'assoupit ou s'égare, manque d'avoir tous ses
principes présents. Le sentiment n'agit pas ainsi : il agit en
un instant, et toujours est prêt à agir. Il faut donc mettre
notre foi dans le sentiment ; autrement elle sera toujours
vacillante.

---

19. Ps. CXVIII, 36 : « Incline mon cœur, ô Dieu... »

La coutume de voir les rois accompagnés de gardes, de tambours, d'officiers, et de toutes les choses qui ploient la machine vers le respect et la terreur, fait que leur visage, quand il est quelquefois seul et sans ces accompagnements, imprime dans leurs sujets le respect et la terreur, parce qu'on ne sépare point dans la pensée leurs personnes d'avec leurs suites, qu'on y voit d'ordinaire jointes. Et le monde, qui ne sait pas que cet effet vient de cette coutume, croit qu'il vient d'une force naturelle ; et de là viennent ces mots : « le caractère de la Divinité est empreint sur son visage, etc. »

Gradation. Le peuple honore les personnes de grande naissance, les demi-habiles les méprisent disant que la naissance n'est pas un avantage de la personne mais du hasard. Les habiles les honorent, non par la pensée du peuple mais par la pensée de derrière. Les dévots qui ont plus de zèle que de science les méprisent malgré cette considération qui les fait honorer par les habiles, parce qu'ils en jugent par une nouvelle lumière que la piété leur donne, mais les chrétiens parfaits les honorent par une autre lumière supérieure.
Ainsi se vont les opinions succédant du pour au contre selon qu'on a de lumière. [...]

La chose la plus importante à toute la vie, est le choix du métier : le hasard en dispose. La coutume fait les maçons, soldats, couvreurs. « C'est un excellent couvreur », dit-on ; et, en parlant des soldats : « Ils sont bien fous », dit-on ; et les autres, au contraire : « Il n'y a rien de grand que la guerre ; le reste des hommes sont des coquins. » A force d'ouïr louer en enfance ces métiers, et mépriser tous les autres, on choisit ; car naturellement on aime la vertu, et on hait la folie ; ces mots nous émeuvent : on ne pèche qu'en l'application. Tant est grande la force de la coutume, que, de ceux que la nature n'a faits qu'hommes, on fait toutes les conditions des hommes ; car des pays sont tout de maçons, d'autres tout de soldats, etc. Sans doute que la nature n'est pas si uniforme. C'est la coutume qui fait donc cela, car elle contraint la nature ; et quelquefois la nature la surmonte, et retient l'homme dans son instinct, malgré toute coutume, bonne ou mauvaise.

◆ Bossuet, *Discours sur l'histoire universelle* (II) :

Mais ce qui rendra ce spectacle plus utile et plus agréable, ce sera la réflexion que vous ferez, non seulement sur l'élévation et sur la chute des empires, mais encore sur les causes de leur progrès et sur celles de leur décadence.

Car ce même Dieu qui a fait l'enchaînement de l'univers, et qui, tout-puissant par lui-même, a voulu, pour établir l'ordre, que les parties d'un si grand tout dépendissent les unes des autres; ce même Dieu a voulu aussi que le cours des choses humaines eût sa suite et ses proportions; je veux dire que les hommes et les nations ont eu des qualités proportionnées à l'élévation à laquelle ils étaient destinés; et qu'à la réserve de certains coups extraordinaires, où Dieu voulait que sa main parut toute seule, il n'est point arrivé de grand changement qui n'ait eu ses causes dans les siècles précédents.

Et comme dans toutes les affaires il y a ce qui les prépare, ce qui détermine à les entreprendre, et ce qui les fait réussir, la vraie science de l'histoire est de remarquer dans chaque temps ces secrètes dispositions qui ont préparé les grands changements, et les conjonctures importantes qui les ont fait arriver.

◆ P. Nicole, *Essais de morale* :

On ne tire des services de l'industrie des autres hommes et de la société humaine, que par le moyen de l'ordre politique. S'il était détruit, on ne pourrait dire qu'on possède rien. Tous les hommes seraient ennemis les uns des autres, et il y aurait une guerre générale entre eux, qui ne se déciderait que par la force.

Il n'y a donc personne qui n'ait de très grandes obligations à l'ordre politique, et pour les comprendre mieux, il faut considérer que les hommes, étant vides de charité par le dérèglement du péché, demeurent néanmoins pleins de besoins, et sont indépendants les uns des autres dans une infinité de choses. La cupidité a donc pris la place de la charité pour remplir ces besoins, et elle le fait d'une manière que l'on n'admire pas assez, et où la charité commune ne peut atteindre. On trouve, par exemple, presque partout en allant à la campagne, des gens qui sont prêts de servir ceux qui passent, et qui ont des logis tout préparés à les recevoir. On en dispose comme on veut. On leur commande, et ils obéissent. Ils croient qu'on leur fait plaisir d'accepter leur service. Ils ne s'excusent jamais de rendre les assistances qu'on leur demande. Qu'y aurait-il de plus admirable que ces gens, s'ils étaient animés de l'esprit de charité? C'est la cupidité qui les fait agir, et qui le fait de si bonne grâce qu'elle veut bien qu'on lui impute comme une faveur de l'avoir employée à nous rendre ces services.

Quelle charité serait-ce que de bâtir une maison tout entière pour un autre, de la meubler, de la tapisser, de la lui rendre la clef à la main? La cupidité le fera gaiement. Quelle charité d'aller quérir des remèdes aux Indes, de s'abaisser aux plus vils ministères, et de rendre aux autres les services les plus bas et les plus pénibles? La cupidité fait tout cela sans s'en plaindre.

Il n'y a donc rien dont on tire de plus grands services que de la cupidité même des hommes. Mais afin qu'elle soit disposée à les rendre, il faut qu'il y ait quelque chose qui la retienne.

Car si on la laisse à elle-même, elle n'a ni bornes, ni mesures. Au lieu de servir à la société humaine, elle la détruit, Il n'y a point d'excès dont elle ne soit capable lorsqu'elle n'a point de liens ; son inclination et sa pente allant droit au vol, aux meurtres, aux injustices, et aux plus grands dérèglements.

Il a donc fallu trouver un art pour régler la cupidité, et cet art consiste dans l'ordre politique qui la retient par la crainte de la peine, et qui l'applique aux choses qui sont utiles à la société. C'est cet ordre qui nous donne des marchands, des médecins, des artisans, et généralement tous ceux qui contribuent aux plaisirs, et qui soulagent les nécessités de la vie. Ainsi nous en avons obligation à ceux qui sont les conservateurs de cet ordre : c'est-à-dire, à ceux en qui réside l'autorité qui règle et entretient les Etats.

Qui n'admirerait un homme qui aurait trouvé l'art d'apprivoiser les lions, les ours, les tigres et les autres bêtes farouches, et de les faire servir aux usages de la vie ? Or, c'est ce que fait l'ordre des Etats : car les hommes pleins de cupidité, sont pires que des tigres, des ours et des lions. Chacun d'eux voudrait dévorer les autres : cependant par le moyen des lois et des polices, on apprivoise tellement ces bêtes féroces, que l'on en tire tous les services humains que l'on pourrait tirer de la plus pure charité.

L'ordre politique est donc une invention admirable que les hommes ont trouvée pour procurer à tous les particuliers les commodités dont les plus grands rois ne sauraient jouir, quelque nombre d'officiers qu'ils aient, et quelques richesses qu'ils possèdent, si cet ordre était détruit.

◆ Montesquieu, *De l'esprit des lois*, Préface :

Si dans le nombre infini de choses qui sont dans ce livre, il y en avait quelqu'une qui, contre mon attente, pût offenser, il n'y en a pas du moins qui y ait été mise avec mauvaise intention. Je n'ai point naturellement l'esprit désapprobateur. Platon remerciait le ciel de ce qu'il était né du temps de Socrate ; et moi, je lui rends grâces de ce qu'il m'a fait naître dans le gouvernement où je vis, et de ce qu'il a voulu que j'obéisse à ceux qu'il m'a fait aimer.

Je demande une grâce que je crains qu'on ne m'accorde pas : c'est de ne pas juger, par la lecture d'un moment, d'un travail de vingt années ; d'approuver ou de condamner le livre entier, et non pas quelques phrases. Si l'on veut chercher le dessein de l'auteur, on ne le peut bien découvrir que dans le dessein de l'ouvrage.

J'ai d'abord examiné les hommes, et j'ai cru que, dans cette infinie diversité de lois et de mœurs, ils n'étaient pas uniquement conduits par leurs fantaisies.

J'ai posé les principes, et j'ai vu les cas particuliers s'y plier comme d'eux-mêmes ; les histoires de toutes les nations n'en être que les suites ; et chaque loi particulière liée avec une autre loi, ou dépendre d'une autre plus générale.

Quand j'ai été rappelé à l'antiquité, j'ai cherché à en prendre l'esprit, pour ne pas regarder comme semblables des cas réellement différents ; et ne pas manquer les différences de ceux qui paraissent semblables.

Je n'ai point tiré mes principes de mes préjugés, mais de la nature des choses.

Ici, bien des vérités ne se feront sentir qu'après qu'on aura vu la chaîne qui les lie à d'autres. Plus on réfléchira sur les détails, plus on sentira la certitude des principes. Ces détails même, je ne les ai pas tous donnés : car, qui pourrait dire tout sans un mortel ennui ?

On ne trouvera point ici ces traits saillants qui semblent caractériser les ouvrages d'aujourd'hui. Pour peu qu'on voie les choses avec une certaine étendue, les saillies s'évanouissent ; elles ne naissent d'ordinaire que parce que l'esprit se jette tout d'un côté, et abandonne tous les autres.

Je n'écris point pour censurer ce qui est établi dans quelque pays que ce soit. Chaque nation trouvera ici les raisons de ses maximes ; et on en tirera naturellement cette conséquence, qu'il n'appartient de proposer des changements qu'à ceux qui sont assez heureusement nés pour pénétrer d'un coup de génie toute la constitution d'un Etat.

Il n'est pas indifférent que le peuple soit éclairé. Les préjugés des magistrats ont commencé par être les préjugés de la nation. Dans un temps d'ignorance on n'a aucun doute, même lorsqu'on fait les plus grands maux ; dans un temps de lumière, on tremble encore lorsqu'on fait les plus grands biens. On sent les abus anciens, on en voit la correction ; mais on voit encore les abus de la correction même. On laisse le mal, si l'on craint le pire ; on laisse le bien, si on est en doute du mieux. On ne regarde les parties que pour juger du tout ensemble ; on examine toutes les causes pour voir tous les résultats.

Si je pouvais faire en sorte que tout le monde eût de nouvelles raisons pour aimer ses devoirs, son prince, sa patrie, ses lois ; qu'on pût mieux sentir son bonheur dans chaque pays, dans chaque gouvernement, dans chaque poste où l'on se trouve, je me croirais le plus heureux des mortels.

Si je pouvais faire en sorte que ceux qui commandent augmentassent leurs connaissances sur ce qu'ils doivent prescrire, et que ceux qui obéissent trouvassent un nouveau plaisir à obéir, je me croirais le plus heureux des mortels.

Je me croirais le plus heureux des mortels, si je pouvais faire que les hommes pussent se guérir de leurs préjugés. J'appelle ici préjugés, non pas ce qui fait qu'on ignore de certaines choses, mais ce qui fait qu'on s'ignore soi-même.

C'est en cherchant à instruire les hommes, que l'on peut pratiquer cette vertu générale qui comprend l'amour de tous. L'homme, cet être flexible, se pliant, dans la société, aux pensées et aux impressions des autres, est également capable de connaître sa propre nature lorsqu'on la lui montre, et d'en perdre jusqu'au sentiment lorsqu'on la lui dérobe.

J'ai bien des fois commencé, et bien des fois abandonné cet ouvrage ; j'ai mille fois envoyé aux vents les feuilles que j'avais écrites ; je sentais tous les jours les mains paternelles tomber ; je suivais mon objet sans former de dessein ; je ne connaissais ni les règles ni les exceptions ; je ne trouvais la vérité que pour la perdre. Mais, quand j'ai découvert mes principes, tout ce que je cherchais est venu à moi ; et, dans le cours de vingt années, j'ai vu mon ouvrage commencer, croître, s'avancer et finir.

Si cet ouvrage a du succès, je le devrai beaucoup à la majesté de mon sujet ; cependant je ne crois pas avoir totalement manqué de génie. Quand j'ai vu ce que tant de grands hommes, en France, en Angleterre et en Allemagne, ont écrit avant moi, j'ai été dans l'admiration ; mais je n'ai point perdu le courage : « Et moi aussi, je suis peintre », ai-je dit avec le Corrège.

◆ Voltaire, *Dictionnaire philosophique,* article « Coutumes ».

Il y a, dit-on, cent quarante quatre coutumes en France qui ont force de loi ; ces lois sont presque toutes différentes. Un homme qui voyage dans ce pays change de loi presque autant de fois qu'il change de chevaux de poste. La plupart de ces coutumes ne commencèrent à être rédigées par écrit que du temps de Charles VII ; la grande raison, c'est qu'auparavant très peu de gens savaient écrire. On écrivit donc une partie d'une partie de la coutume de Ponthieu ; mais ce grand ouvrage ne fut achevé par les Picards que sous Charles VIII ; il n'y en eut que seize de rédigées du temps de Louis XII ; enfin, aujourd'hui la jurisprudence s'est tellement perfectionnée, qu'il n'y a guère de coutume qui n'ait plusieurs commen-

tateurs ; et tous, comme on croit bien, d'un avis différent.
Il y en a déjà vingt-six sur la coutume de Paris. Les juges ne
savent auquel entendre ; mais pour les mettre à leur aise, on
vient de faire la coutume de Paris en vers. C'est ainsi qu'autrefois la prêtresse de Delphes rendait ses oracles.

Les mesures sont aussi différentes que les coutumes, de sorte
que ce qui est vrai dans le faubourg de Montmartre devient
faux dans l'abbaye de Saint-Denys. Dieu ait pitié de nous !

5.2. MONTAIGNE ET HENRI IV

{ On recherchera dans ce texte les idées que Montaigne a déjà
{ exprimées dans les *Essais,* et l'on définira les relations entre
{ théorie et pratique de la politique chez lui.

Sire,

C'est être au-dessus du poids et de la foule de vos grands et
importants affaires que de vous savoir prêter et démettre aux
petits à leur tour, suivant le devoir de votre autorité royale,
qui vous expose à toute heure à toute sorte et degré d'hommes
et d'occupations. Toutefois, ce que Votre Majesté a daigné
considérer mes lettres et y commander réponse, j'aime mieux
le devoir à la bénignité qu'à la vigueur de son âme. J'ai de
tout temps regardé en vous cette même fortune où vous êtes
et vous peut souvenir que lors même qu'il m'en fallait confesser à mon curé, je ne laissais de voir aucunement de bon œil
vos succès. A présent, avec plus de raison et de liberté, je les
embrasse de pleine affection. [...] J'attends de ce prochain été
non tant les fruits à nourrir comme ceux de notre commune
tranquillité et qu'il passera sur vos affaires avec même teneur
de bonheur, faisant évanouir, comme les précédentes, tant de
grandes promesses de quoi vos adversaires nourrissent la
volonté de leurs hommes. Les inclinations des peuples se
manient à ondées. Si la pente est une fois prise à votre faveur,
elle s'emportera de son propre branle jusques au bout. J'eusse
bien désiré que le gain particulier des soldats de votre armée
et le besoin de les contenter ne vous eût dérobé, nommément
en cette ville principale, la belle recommandation d'avoir traité
vos sujets mutins en pleine victoire avec plus de soulagement
que ne font leurs protecteurs et qu'à la différence d'un crédit
passager et usurpé vous eussiez montré qu'ils étaient vôtres
par une protection paternelle et vraiment royale. A conduire
tels affaires que ceux que vous avez en main, il se faut servir
de voies non communes. Si s'est-il toujours vu qu'où les
conquêtes par leur grandeur et difficulté ne se peuvent bonne-
ment parfaire par armes et par force, elles ont été parfaites
par clémence et magnificence, excellents leurres à attirer les

hommes spécialement vers le juste et légitime parti. S'il échoit rigueur et châtiment, il doit être remis après possession de la maîtrise. Un grand conquérant du temps passé se vante d'avoir donné autant d'occasion à ses ennemis subjugués de l'aimer qu'à ses amis. Et ici nous sentons déjà quelque effet de bon pronostic de l'impression que reçoivent nos villes dévoyées, par la comparaison de leur rude traitement à celui des villes qui sont sous votre obéissance. Désirant à Votre Majesté une félicité plus présente et moins hasardeuse, et qu'elle soit plutôt chérie que crainte de ses peuples, et tenant son bien nécessairement attaché au leur, je me réjouis que ce même avancement qu'elle fait vers la victoire l'avance aussi vers des conditions de paix plus faciles.

5.3. LA BOÉTIE ET LE *DISCOURS DE LA SERVITUDE VOLONTAIRE*

On pourra juger du ton de ce véritable pamphlet politique par les quelques lignes choisies que nous donnons ci-dessous .

[Comment] il se peut faire que tant d'hommes, tant de bourgs, tant de villes, tant de nations endurent quelquefois un tyran seul, qui n'a puissance que celle qu'ils lui donnent.

Que peut-être cela? Comment dirons-nous que cela s'appelle? [...] Voir un nombre infini de personnes, non pas obéir, mais servir? non pas être gouvernés, mais tyrannisés; [...] souffrir les pilleries, les paillardises, les cruautés, non pas d'une armée, non pas d'un camp barbare contre lequel il faudrait défendre son sang et sa vie, mais d'un seul; non pas d'un Hercule ou d'un Samson, mais d'un seul hommeau, et le plus souvent le plus lâche et femelin de la nation. [...] Appellerons-nous cela lâcheté? Dirons-nous que ceux qui servent soient couards?

Ce sont donc les peuples même qui se laissent, ou plutôt, se font gourmander, puisqu'en cessant de servir ils en seraient quittes; c'est le peuple qui s'asservit, qui se coupe la gorge, qui ayant le choix ou d'être serf ou d'être libre, quitte la franchise et prend le joug. [...]

La seule liberté les hommes ne la désirent point, non pour autre raison, ce semble, sinon que s'ils la désiraient, ils l'auraient.

Soyez résolus de ne servir plus, et vous voilà libres.

Lamennais, dans sa préface (1835) au texte de La Boétie, écrivait :

Il semble que la lutte de la tyrannie et de la liberté doive être immortelle sur la terre; et c'est pourquoi les âmes les plus fermes ont souvent besoin d'une parole qui les ranime.

L'ouvrage d'Etienne de La Boétie nous a paru propre à remplir ce but. Une chaleur vraie, une éloquence de persuasion sans aucune emphase, des pensées quelquefois profondes, un rare esprit d'observation, une sagacité pénétrante qui résume en quelques traits principaux l'histoire si variée dans ses détails des oppresseurs de tous les temps, telles sont les qualités, peu ordinaires sans doute, qui distinguent ce livre presque oublié.

[...] On y reconnaît d'un bout à l'autre l'inspiration de deux sentiments qui dominent constamment l'auteur, l'amour de la justice et l'amour des hommes, et sa haine pour le despotisme n'est encore que cet amour même. Il montre d'abord que la servitude dans laquelle gémit une nation a toujours cela d'étrange que, pour en être délivrée il suffirait de ne pas s'en rendre complice, de ne pas fournir au tyran les moyens de la perpétuer ; car c'est avec le secours qu'on lui prête, avec l'argent, avec la force de chacun des individus pris à part, qu'il les asservit tous. Lorsqu'un peuple a ainsi forgé ses propres chaînes, alors il se lamente dans sa bassesse et dans sa misère ; il voudrait se relever de sa dégradation, et il ne le peut plus ; la rouille de l'esclavage a usé des ressorts de sa vie ; il se trémousse en vain sous les fers qui l'écrasent. « Les lâches et engourdis ne savent ni endurer le mal, ni recouvrer le bien. » Une nation tombée en cet état n'est plus à elle-même ; elle appartient au maître à qui elle s'est donnée. Il en dispose comme il lui plaît : plus de propriété assurée, plus même de famille : « Vous nourrissez vos enfants, afin qu'il les mène, pour le mieux qu'il leur fasse, en ses guerres, qu'il les mène à la boucherie, qu'il les fasse les ministres de ses convoitises, les exécuteurs de ses vengeances. » Il prend quelques-uns des plus robustes, il les arme, les discipline ; puis, au besoin, il leur commande de tuer leurs pères, leurs frères, leurs mères, leurs sœurs, et ils tuent. Cela s'est vu toujours. [...] Un autre instrument de la tyrannie est la corruption. Les tyrans *efféminent leurs hommes,* et tâchent d'étourdir la multitude et de l'énerver par des spectacles, des jeux, des fêtes propres à amollir leurs mœurs, sans parler de la protection qu'ils accordent à leur dépravation directe. « Ainsi les peuples assotis, trouvant beaux ces passe-temps, amusés d'un vain plaisir qui leur passe devant les yeux, s'accoutument à servir aussi niaisement, mais plus mal, que les petits enfants, qui pour voir les luisantes images de livres enluminés apprennent à lire. » Les nations, au contraire, exemptes du joug d'un maître, se reconnaissent au mâle caractère de leurs divertissements publics, destinés eux aussi à former les citoyens, à leur faire aimer la patrie, à les exercer à la défendre. Le théâtre et les chants populaires indiquent autant que les lois, et quelquefois mieux, sous quel genre de gouvernement vit un pays, s'il est libre ou s'il est esclave.

On comparera à travers cet aperçu Montaigne et La Boétie : tempérament, idées.

6. EN CONCLUSION SUR MONTAIGNE

6.1. *ENTRETIEN* DE PASCAL AVEC M. DE SACI

Pascal conclut ainsi l'*Entretien* :

« Pour l'utilité de ces lectures, dit M. Pascal, je vous dirai fort simplement ma pensée. Je trouve dans Epictète un art incomparable pour troubler le repos de ceux qui le cherchent dans les choses extérieures, et pour les forcer à reconnaître qu'ils sont de véritables esclaves et de misérables aveugles ; qu'il est impossible qu'ils trouvent autre chose que l'erreur et la douleur qu'ils fuient, s'ils ne se donnent sans réserve à Dieu seul. Montaigne est incomparable pour confondre l'orgueil de ceux qui, hors la foi, se piquent d'une véritable justice : pour désabuser ceux qui s'attachent à leurs opinions, et qui croient trouver dans les sciences des vérités inébranlables ; et pour convaincre si bien la raison de son peu de lumière et de ses égarements, qu'il est difficile, quand on fait un bon usage de ses principes, d'être tenté de trouver des répugnances dans les mystères ; car l'esprit en est si battu qu'il est bien éloigné de vouloir juger si l'Incarnation ou le mystère de l'Eucharistie sont possibles ; ce que les hommes du commun n'agitent que trop souvent.

« Mais, si Epictète combat la paresse, il mène à l'orgueil, de sorte qu'il peut être très nuisible à ceux qui ne sont pas persuadés de la corruption de la plus parfaite justice qui n'est pas de la foi. Et Montaigne est absolument pernicieux à ceux qui ont quelque pente à l'impiété et aux vices. C'est pourquoi ces lectures doivent être réglées avec beaucoup de soin, de discrétion et d'égard à la condition et aux mœurs de ceux à qui on les conseille. Il me semble seulement qu'en les joignant ensemble elles ne pourraient réussir fort mal, parce que l'une s'oppose au mal de l'autre ; non qu'elles puissent donner la vertu, mais seulement troubler dans les vices, l'âme se trouvant combattue par ces contraires, dont l'un chasse l'orgueil et l'autre la paresse, et ne pouvant reposer dans aucun de ces vices par ses raisonnements ni aussi les fuir tous. »

6.2. SAINTE-BEUVE, *PORT-ROYAL*

On pourra rechercher ici à quoi il est fait allusion pour chaque nom, pour chaque thème dans ce jeu funèbre — ou funéraire — que l'on est libre d'apprécier ou non.

Nous finissons. Toute cette gloire et ce bonheur de Montaigne, cette influence que nous pourrions suivre et dénoter encore par reflets brisés en plus d'un de nos contemporains, cette louange mondaine universelle, et la plus flatteuse peut-être où l'on ait atteint, parce qu'elle semble la plus facile et qu'elle a usé bien des colères, tout cela me remet le grand but en idée; et nous qui venons d'assister au convoi et aux funérailles de M. de Saci, je me demande ce que seraient à nos yeux les funérailles de Montaigne; je me représente même ce convoi idéal et comme perpétuel, que la postérité lui fait incessamment. Osons nous poser les différences; car toute la morale aboutit là.

Montaigne est mort : on met son livre sur son cercueil; le théologal Charron et mademoiselle de Gournay, — celle-ci, sa fille d'alliance, en guise de pleureuse solennelle, — sont les plus proches qui l'accompagnent, qui mènent le deuil ou portent les coins du drap, si vous voulez. Bayle et Naudé, comme sceptiques officiels, leur sont adjoints. Suivent les autres qui plus ou moins s'y rattachent, qui ont profité en le lisant, et y ont pris pour un quart d'heure de plaisir; ceux qu'il a guéris un moment du solitaire ennui, qu'il a fait penser en les faisant douter; La Fontaine, madame de Sévigné comme cousine et voisine; ceux comme La Bruyère, Montesquieu et Jean-Jacques, qu'il a piqués d'émulation, et qui l'ont imité avec honneur; — Voltaire à part, au milieu; — beaucoup de moindres dans l'intervalle, pêle-mêle, Saint-Evremond, Chaulieu, Garat..., j'allais nommer nos contemporains, nous tous peut-être qui suivons... Quelles funérailles ! s'en peut-il humainement de plus glorieuses, de plus enviables au *moi* ? Mais qu'y fait-on ? A part mademoiselle de Gournay qui y pleure tout haut par cérémonie, on y cause; on y cause du défunt et de ses qualités aimables, et de sa philosophie tant de fois en jeu dans la vie, on y cause de soi. On récapitule les points communs : « Il a toujours pensé comme moi des matrones inconsolables », se dit La Fontaine. — « Et comme moi, des médecins assassins », s'entredisent à la fois Le Sage et Molière. — Ainsi un chacun. Personne n'oublie sa dette; chaque pensée rend son écho. Et ce *moi* humain du défunt qui jouirait tant s'il entendait, où est-il ? car c'est là toute la question. *Est-il ?* et s'il est, tout n'est-il pas changé à l'instant ? tout ne devient-il pas immense ? Quelle comédie jouent donc tous ces gens, qui la plupart, et à travers leur qualité d'*illustres,* passaient pourtant pour raisonnables ? Qui mènent-ils, et où le mènent-ils ? où est la bénédiction ? où est la prière ? Je le crains, Pascal seul, s'il est du cortège, a prié.

Mais M. de Saci, comment meurt-il ? Vous le savez; nous avons suivi son cercueil de Pomponne à Paris, de Saint-

Jacques-du-Haut-Pas à Port-Royal des Champs, par les neiges et les glaces. Nous avons ouvert le cercueil avec Fontaine, nous avons revu son visage non altéré ; une centaine de religieuses, *plus brillantes de charité que les cierges qu'elles portaient dans leurs mains,* l'ont regardé, ce visage d'un père, à travers leurs pleurs ; les principales, en le descendant à la fosse, lui ont donné de saints baisers, et toutes ont chanté jusqu'au bout la prière qui crie grâce pour les plus irrépréhensibles. Et puis, les jours suivants, dans le mois, dans l'année, les voilà qui se mettent à mourir, et les Messieurs aussi ; ils meurent coup sur coup, frappés au cœur de cette mort de M. de Saci, joyeux de le suivre, certains de le rejoindre, certains moyennant l'humble et tremblant espoir du Chrétien, et redisant volontiers, comme lui, d'une foi brûlante et soupirante : *O bienheureux Purgatoire!* — Et ceux qui survivent se sentent redoubler de charité envers les hommes, et de piété envers Dieu, à son souvenir.

Or, s'il y a une vérité, si tout n'est pas vain (auquel cas la vie de M. de Saci en vaudrait bien encore une autre), s'il y a une morale, — j'entends une morale absolue, — et si la vie aboutit, lequel de ces deux hommes a le plus fait, et le plus sûrement ensemencé son sillon sur la terre ? A l'heure où tout se juge, lequel sera trouvé moins léger ?

JUGEMENTS SUR MONTAIGNE
ET SUR LES « ESSAIS »

Les contemporains de Montaigne savent en général comprendre et goûter son livre, à la manière de Mlle de Gournay, sa « fille d'alliance », qui multiplie les éditions du livre de 1595 à 1635 :

Ce n'est pas le rudiment des apprentis, œuvre non à goûter par attention superficielle, mais à digérer par un très bon estomac, un des derniers bons livres qu'on doit prendre.

Mlle de Gournay,
Préface de l'édition des *Essais* de 1595.

Mais un autre contemporain, Charron, moins fidèle à l'esprit du maître, le fait passer au service de la foi et remplace le « Que sais-je? » par un « Je ne sais ».

XVIIe SIÈCLE

Pendant trois quarts de siècle, les Essais demeurent l'œuvre dominante de la littérature française, un trésor de sagesse moderne, un fidèle miroir de la nature humaine. Cependant, le XVIIe et le XVIIIe siècle voient naître et se développer un malentendu. Montaigne est « pelaudé à toutes mains ». Rares sont ceux qui l'apprécient justement, comme saint François de Sales, qui appelle Michel Eyquem le « docte profane », ou Mme de Sévigné, qui admire le bon sens des Essais.

Pascal voit dans les Essais un manuel de scepticisme et prétend à la fois le critiquer et l'utiliser.

Je vous avoue, Monsieur, que je ne puis voir sans joie dans cet auteur la superbe raison si invinciblement froissée par ses propres armes, et cette révolte si sanglante de l'homme contre l'homme, qui, de la société avec Dieu où il s'élevait par les maximes de la faible raison, le précipite dans la nature des bêtes, et j'aurais aimé de tout mon cœur le ministre d'une si grande vengeance si, étant disciple de l'église par la foi, il eût suivi les règles de la morale, en portant les hommes, qu'il avait si utilement humiliés, à ne pas irriter par de nouveaux crimes celui qui peut seul les tirer de ceux qu'il les a convaincus de ne pouvoir pas seulement connaître.

Mais il agit au contraire de cette sorte en païen. De ce principe, dit-il, que hors de la foi tout est dans l'incertitude, et considérant bien combien il y a que l'on cherche le vrai et le bien sans aucun progrès vers la tranquillité, il conclut qu'on en doit laisser le soin aux autres : et demeurer cependant en repos, coulant légèrement sur les sujets de peur d'y enfoncer en appuyant; et prendre le vrai et le bien sur la première apparence, sans les presser parce qu'ils sont si peu solides, que quelque peu qu'on serre la main ils s'échappent entre les doigts et la laissent vide.

Pascal,
Entretien avec M. de Saci sur Epictète et Montaigne.

Un fragment des Pensées prononce un jugement encore plus sévère :

[Montaigne] inspire une nonchalance du salut sans crainte et sans repentir. Son livre n'étant pas fait pour porter à la piété, il n'y était pas obligé; mais on est toujours obligé de n'en point détourner. On peut excuser ses sentiments un peu libres et voluptueux en quelques rencontres de la vie; mais on ne peut excuser ses sentiments tout païens sur la mort [...]; il ne pense qu'à mourir lâchement et mollement par tout son livre.

Pascal,
Pensées (éd. Lafuma, fragment 936).

La Logique de Port-Royal, après Pascal, condamne, dans les Essais, l'étalage du moi :

Un des caractères les plus indignes d'un honnête homme est celui que Montaigne a affecté, de n'entretenir ses lecteurs que de ses humeurs, de ses inclinations, de ses fantaisies, de ses maladies, de ses vertus et de ses vices.

Logique de Port-Royal.

Montaigne a cependant de nombreux disciples chez les libertins. Guy Patin, Gabriel Naudé, La Mothe Le Vayer ont appris de lui l'usage de la raison, mais ils abusent parfois des Essais. Entre ceux-ci et les chrétiens, qui en redoutent le contact, Montaigne trouve ses lecteurs parmi les honnêtes gens modérément religieux qui travaillent à bien penser.

XVIIIe SIÈCLE

Les philosophes mobilisent Montaigne dans la lutte contre l'Infâme. Vauvenargues l'admirait beaucoup :

Montaigne pensait fortement, naturellement, hardiment; il joignait à une imagination inépuisable un esprit invinciblement tourné à réfléchir. On admire dans ses écrits ce caractère original qui manque rarement aux âmes vraies [...] Montaigne a été un prodige dans les temps barbares.

Vauvenargues,
Œuvres (1746).

Voltaire lui rend cet hommage :

Un gentilhomme campagnard du temps de Henri III, qui est savant en un siècle d'ignorance, philosophe parmi les fanatiques, et qui peint sous son nom nos faiblesses et nos folies, est un homme qui sera toujours aimé.

Voltaire,
Lettres philosophiques, XXV,
« Sur les *Pensées* de M. Pascal » (1734).

La dette de Rousseau envers Montaigne est certainement très grande, en particulier dans ses idées sur l'éducation. Mais il lui reproche son scepticisme philosophique :

Que servent au sceptique Montaigne les tourments qu'il se donne pour déterrer en un coin du monde une coutume opposée aux notions de justice ? [...] O Montaigne ! Toi qui te piques de franchise et de vérité, sois sincère et vrai, si un philosophe peut l'être, et dis-moi s'il est quelque pays sur la terre où ce soit un crime de garder sa foi, d'être clément, bienfaisant, généreux; où l'homme de bien soit misérable et le perfide honoré.

J.-J. Rousseau,
Émile, « Profession de foi du vicaire savoyard », livre IV (1762).

XIXᵉ SIÈCLE

Les Essais deviennent de plus en plus un bréviaire profane. Sainte-Beuve s'entête au cliché d'un Montaigne sceptique :

Il y a du Montaigne en chacun de nous. Tout goût, toute humeur et passion, toute diversion, amusement et fantaisie où le christianisme n'a aucune part, et où il est, non pas nié, non insulté, mais ignoré par une sorte d'oubli facile [...], tout état pareil en nous qu'est-ce autre chose que du Montaigne ? Cet aveu qu'à tout moment on fait de la nature, jusque sous la loi dite « de grâce », cette nudité inconsidérée où l'on retombe par son âme naturelle et comme si elle n'avait jamais été régénérée [...], voilà proprement le domaine de Montaigne et tout son livre.

Sainte-Beuve,
Port-Royal (1842).

Depuis la fin du XIXe siècle, l'interprétation de la pensée de Montaigne semble avoir progressé. Montaigne reste toujours un signe de contradiction, mais on cherche davantage à le replacer dans le contexte de son époque, on évite de l'utiliser pour telle cause morale ou religieuse :

Ce qu'il est, c'est un homme de la Renaissance, c'est un homme qui apporte à son siècle la sagesse antique. Un philosophe ancien éclectique, avec une teinture assez légère de christianisme et plutôt un respect sympathique qu'un vrai culte pour celui-ci. Voilà le fond de Montaigne.

Emile Faguet,
Seizième Siècle (1894).

XXe SIÈCLE

Montaigne achève de substituer à la morale d'autorité du Moyen Age une morale de libre examen. C'était le rêve auquel tendait confusément l'humanisme de la Renaissance. Mais, comme tant d'hommes de la Renaissance, Montaigne, à ses débuts, s'était contenté de substituer une autorité, celle des Anciens, à l'autorité traditionnelle : il subit d'abord l'emprise de Sénèque. Seulement, les doctrines anciennes se contredisent et se heurtent les unes les autres. Cette diversité a favorisé chez lui l'apprentissage de la liberté. La philosophie de la nature à laquelle il aboutit, toute proche parfois de l'épicurisme, plus souvent de la morale socratique, apparaît avant tout comme l'expression de son tempérament personnel.

Pierre Villey,
les « Essais » de Michel de Montaigne (1932).

Les *Essais* donnent [...] une note décidément optimiste. Mais c'est un optimisme qui n'est ni égoïsme ni niaiserie, et qui n'a pas sa source uniquement dans une certaine humeur naturelle. C'est un optimisme qui exige, comme une navigation difficile, une attention de tous les instants [...], un exercice perpétuel de tous les sens et de toutes les facultés, une activité courageuse de la volonté. C'est un optimisme qui ne comporte ni illusion, ni liberté, ni mollesse.

Gustave Lanson,
les « Essais » de Montaigne (1929).

Il y a, et il y aura toujours en France [...] division et partis; c'est-à-dire dialogue. Grâce à quoi le bel équilibre de notre culture; équilibre dans la diversité. Toujours en regard d'un Pascal, un Montaigne; et de nos jours, en face d'un Claudel, un Valéry. Parfois, c'est une des deux voix qui l'emporte en force et en magnificence. Mais malheur aux temps où l'autre serait réduite au silence. Le libre esprit a cette supériorité de ne souhaiter point garder seul la parole.

André Gide,
Journal.

A qui pose le grand problème de savoir pourquoi, dans le grand débat des confessions religieuses au XVIe siècle, la France est restée catholique, il faudra répondre : lisez Montaigne. On en trouve chez lui non les raisons logiques et théologiques, mais les motifs de sensibilité, les raisons de ce que Pascal appelle le « cœur ». La voix de Montaigne dans le dialogue religieux est tournée, du côté du passé, vers le calvinisme, du côté de l'avenir, vers le jansénisme. Qui ne met pas au premier plan des problèmes de Montaigne le problème religieux ne comprend pas Montaigne.

Albert Thibaudet,
Montaigne (1963).

SUJETS DE DISSERTATIONS ET D'EXPOSÉS

● Quels sont les principes directeurs de la pédagogie de Montaigne?

● Montaigne et la lecture.

● Montaigne et l'honnête homme.

● Comment Montaigne a-t-il conçu la peinture du Moi?

● Les idées politiques de Montaigne.

● Le sentiment de la patrie chez Montaigne.

● Quelle est l'évolution de l'idée de sagesse dans les *Essais*?

● Santé physique et santé morale dans les « Essais ».

● Quels sont les traits principaux du style de Montaigne?

● Que pensez-vous de cette remarque tirée des *Cahiers* de Montesquieu : « Dans la plupart des auteurs, je vois l'homme qui écrit; dans Montaigne, je vois l'homme qui pense »?

● Expliquez et discutez ce jugement de Sainte-Beuve : « On a tout dit sur Montaigne, depuis plus de deux siècles qu'on en parle, et quand de grands et charmants esprits, Pascal en tête, y ont passé : il est pourtant une chose qu'on n'a pas assez fait ressortir, je le crois, c'est que Montaigne, ce n'est pas un système de philosophie, ce n'est pas même avant tout un sceptique... non, Montaigne c'est tout simplement la nature. » (*Port-Royal*, livre III.)

● Montaigne a écrit de lui-même : « J'étudiai, jeune, pour l'ostentation; depuis, un peu, pour m'assagir; à cette heure pour m'ébattre; jamais pour le quêt (profit). » [Livre III, chap. III.] Dans quelle mesure a-t-il ainsi décrit l'inspiration des *Essais*?

● Quel est pour Montaigne le rôle de l'esprit critique?

● Commentez cette phrase de G. Lanson : « Comme Stendhal partait tous les matins à la chasse au bonheur, de même Montaigne, dans sa librairie, partait chaque jour à la chasse aux idées, et, à défaut de grandes vérités universelles, s'efforçait d'en rapporter quelque utile et honnête vraisemblance. »

● Peut-on parler, avec Nietzsche, du « scepticisme martial et joyeux de Montaigne »?

● Montaigne écrit dans le chapitre « Des boiteux » (III, XI) : « L'admiration est fondement de toute philosophie, l'inquisition le progrès, l'ignorance le bout. » Cette formule retrace-t-elle bien l'évolution des *Essais?*

● André Gide écrit dans l'essai qu'il a consacré à Montaigne (1924) : « Une personnalité [...] facticement et laborieusement construite, et avec contention selon la morale, la coutume, la décence et les préjugés, il n'est rien à quoi Montaigne répugne davantage. On dirait que l'être véridique que tout ceci gêne, cache ou contrefait, garde pour lui une sorte de valeur mystique, et qu'il en attende on ne sait quelle révélation. » Pouvez-vous souscrire à ce jugement?

INDEX DES PRINCIPAUX THÈMES TRAITÉS

Cet Index, qui ne concerne que nos extraits, renvoie au livre (premier chiffre romain), au chapitre (second chiffre romain) et à la page (chiffre arabe); chaque tome de cette édition correspond à un livre des Essais.

Alexandre : I, ɪ (20-21); ʟ (94). — II, xxxvɪ (80-83).

Amérique : I, xxɪɪɪ (38). — III, vɪ (30-34).

amitié : I, xxvɪɪɪ (en entier); xxxɪx (89). — III, vɪɪɪ (38).

animaux : II, xɪɪ (40-41).

barbarie : II, v (18).

Bible : I, ʟvɪ (99-100).

bibliothèque : III, ɪɪɪ (25-26).

collège : I, xxvɪ (51, 71, 74).

connaissance : I, ɪɪɪ (22). — II, xɪɪ (33, 35, 41-42). — III, vɪ (28-29).

conscience : I, xxvɪ (60); xxxɪx (89); ʟvɪ (94). — III, ɪɪ (12, 19).

conversation : I, xxvɪ (60, 67). — III, ɪɪɪ (22-23); vɪɪɪ (en entier); ɪx (54-56).

corps : I, xxvɪ (56, 69, 73). — II, vɪ (20-24); xɪɪ (46); xxxvɪɪ (87). — III, ɪɪɪ (27); ɪx (50); xɪɪɪ (79, 82).

coutume : I, xxɪɪɪ (en entier); xxvɪ (56); ʟvɪ (97). — II, xxxvɪɪ (87).

cruauté : II, xɪ (en entier).

destinée : I, xxxɪx (89-91); ʟ (93). — II, xɪɪ (43); xvɪɪ (60-63).

Dieu : I, xxvɪ (63); xxxɪx (92); ʟvɪ (en entier). — II, ɪɪɪ (15); xɪ (25); xɪɪ (35, 40, 43). — III, ɪɪ (19, 20); xɪɪɪ (78, 79, 80).

douleur : II, v (16); vɪ (23); xɪ (26-28); xxxvɪɪ (86-90). — III, xɪɪɪ (75).

éducation, enfants : I, xxvɪ (en entier).

enfance de Montaigne : II, xvɪɪ (60).

esprit critique : I, xxvɪ (52-56).

Essais (composition) : I, Avis au lecteur (19); vɪɪɪ (25-26). — II, xvɪɪɪ (78-79).

fanatisme : III, x (62-64); xɪ (67-68).

gloire : II, xɪɪ (41); xvɪɪ (64); xxxvɪ (en entier).

guerre : I, xxɪɪɪ (44); xxvɪ (63-64).

histoire : I, xxvɪ (61-62). — II, xxxvɪ (83).

ignorance : I, ʟvɪ (99). — II, xɪɪ (en entier). — III, xɪ (64-65, 68-69).

imagination : I, xx (36-37); xxxɪx (90). — III, xɪɪɪ (78).

instabilité de l'homme : I, ɪ (22). — II, ɪ (9-10).

jugement : I, xɪv (28); xxvɪ (52-53, 62, 63, 67); ʟ (92). — II, xɪɪ (42, 46); xvɪɪ (66, 68, 72). — III, vɪɪɪ (37-38); xɪ (68).

justice : I, xxvɪ (66). — II, v; xɪɪ (49); xxxvɪ (82). — III, x (62-63).

liberté : I, xxvɪ (52, 66, 71-73); xxxɪx (85-87). — II, ɪɪɪ (13).

livres : I, xxvɪ (52-53, 67-68, 72). — II, xvɪɪ (68-70). — III, ɪɪɪ (24-27).

lois : I, xxɪɪɪ (42-43). — II, xɪɪ (49-51).

maladie : I, xɪv (29); xxxɪx (91). — II, ɪɪɪ (14); xɪɪ (46); xxxvɪɪ (en entier). — III, ɪɪ (18-20).

médecine : II, xxxvɪɪ (89).

mémoire : I, xxɪɪɪ (41); xxvɪ (50-52). — II, xɪɪ (48, 66-68).

ménage (vie familiale) : III, IX (41-47, 51-52).

mensonge : II, XVII (65). — III, II (66-67).

moi (étude du) : I, VIII (25); XXXIX (88-89). — II, I (9-10); VI (20-24); XII (47-49). — III, II (9-11); IX (46, 47).

Montaigne (portrait de) : II, I (11); XVII (en entier). — III, IX (43-44); X (58-59).

mort : I, XIV (29-30); XX (en entier); XXVI (66); XXXIX (91); L (93). — II, III (12-13); VI (en entier); XI (29-30); XXXVII (86-90).

nature : I, XXVI (64); XXXIX (89-90). — II, III (14); VI (19-20); XII (41-50). — III, II (13); VI (29, 35); XIII (en entier).

obéissance politique : I, III (24-25); XXIII (42-43); XXVI (58). — II, XII (49).

opinion : I, XIV (28-29); XXVI (51-53). — II, XII (41). — III, II (13); VIII (37); XI (67-68).

orgueil : II, II (34-42).

passions : I, XXVI (67); L (93-95). — II, II (28); XII (41); XXXVII (86). — III, X (60, 62-63).

philosophes : I, XIV (30); XXVI (69); XXXIX (90). — II, II (25-26).

philosophie : I, XXVI (65-70, 73-75). — II, XI (30); XII (49); XXXVII (87).

plaisir : I, XXVI (72-73). — II, VI (22-23); XI (29-30). — III, II (17); III (27); XIII (75-77).

politique : I, XXIII (42-48).

politique (mairie de Bordeaux) : III, IX (47); X (58-62).

présomption de l'homme : I, XXIII (46). — II, XII (34-40); XVIII (75-76).

prière : I, LVI (en entier).

raison : I, XXIII (40); XXVI (53); XXXIX (89). — II, XI (25); XII (35, 47). — III, XI (64).

Réforme : I, XXIII (42-48); LVI (99).

religion : I, XXIII (44).

repentir : III, II (en entier).

roi : I, XXVI (58). — II, XII (49); XVII (64).

sagesse : I, XXIII (42); XXVI (54, 69, 72-73). — II, III (14); XII (34); XXXVI (85). — III, II (19-20); IX (47); X (61-62); XIII (en entier).

science : I, XXVI (49, 66, 72-74). — II, XII (38-39). — III, III (23); XI (65-69).

société : I, XXVI (57, 60, 72); XXXIX (88-89). — III, X (59).

Socrate : I, XXIII (42); XXVI (51, 62, 67, 78); XXXIX (89); L (93). — II, II (26, 27, 28, 30); XXXVI (85). — III, II (20); XIII (72-73).

solitude : I, XXXIX (en entier). — III, III (21-22).

stoïcisme : I, XIV (30). — II, XI (25-30).

style : I, XXVI (80).

suicide : II, III (12-15).

torture : I, XXVI (56). — II, V (16).

vanité : III, IX (en entier).

vérité et erreur : I, XXIII (40-41); XXVI (52-53, 58, 79). — II, V (16); XII (35, 49). — III, VIII (39-40); XI (64-69).

vertu : I, XXVI (60, 70); XXXIX (87, 90). — II, III (15); XI et XXXVI (en entier).

vie : I, XX (en entier); XXVI (52, 65, 70, 75). — II, III (13-14). — III, II (19); XIII (en entier).

vieillesse : III, II (16-20); XIII (84).

voyage : I, XXVI (55, 63, 71). — III, II (19); IX (42, 47-51, 52-56).

TABLE DES MATIÈRES

Pages

Résumé chronologique de la vie de Montaigne 4

Montaigne et son temps 6

Bibliographie sommaire 8

ESSAIS — Livre III :

Chap. II. Du repentir 9

Chap. III. De trois commerces 21

Chap. VI. Des coches 28

Chap. VIII. De l'art de conférer 36

Chap. IX. De la vanité 41

Chap. X. De ménager sa volonté 58

Chap. XI. Des boiteux 64

Chap. XIII. De l'expérience 69

Documentation thématique 84

Jugements sur Montaigne et sur les « Essais » 121

Sujets de dissertations et d'exposés 126

Index 128

Mame Imprimeurs - 37000 Tours.
Dépôt légal Mars 1973. — Nº 12436. — Nº de série Éditeur 13450.
IMPRIMÉ EN FRANCE *(Printed in France)*. — 870 115 E Juin 1986.